PENSAMIENTOS SENCILLOS
PARA LA VIDA DIARIA

PUBLISHED BY **ENNIO EMMANUEL PUBLISHING CO.**
A DIVISION OF THE **ENNIO EMMANUEL ENTERTAINMENT, LLC**
FAMILY OF COMPANIES

- May the Lord be with you in all things -

AUTHOR: ENNIO EMMANUEL

DESIGN: WWW.ABRESTUDIO.COM.AR
COVER DESIGN: IVÁN TEMPRA (IVANTEMPRA@GMAIL.COM)
BOOK DESIGN: RODE CLASSEN (INFO@ABRESTUDIO.COM.AR)

TRANSLATION AND ASSISTANT EDITOR: VANESSA POLANCO
TRANSLATION: PATRICIA BARTOLONI
ASSISTANT EDITOR: A. A. ROI
ADDITIONAL EDITING BY: OMELA PATRICIA ORDOSGOITIA MARRUGO, REBECCA GRUDZINA, MARIBEL GARCIA ZARAGOZA

FOR PUBLISHING INQUIRIES, PURCHASING AND BUSINESS INQUIRIES PLEASE EMAIL
EE@ENNIOEMMANUEL.COM

COPYRIGHT © 2014 BY ENNIO EMMANUEL. ALL RIGHT RESERVED.

INTERNATIONAL STANDARD BOOK NUMBER: 978-0-9914037-0-7
FIRST EDITION. PRINTED IN THE UNITED STATES OF AMERICA.

INTRODUCTION ENG

During the two years I spent writing this book, I never knew if I'd reach the finish line and get it released. Thanks to the support of my fans from my music and other life experiences, I have been able to achieve this accomplishment. I want to send a quick thank you to anyone who has ever shown me support. I have put my life into this book in a simple format so that anyone from any background can find something to enjoy.

When I look back on these entries, I find the lessons continue to help me grow as a person. They are not things learned once and perfected. They are things to practice and get better at over time.

This isn't a self-help book. It is a conversation you and I are having, just as I am having it with myself.

It's simple, none the less, and I hope that I will be able to continue sharing the thoughts that cross my mind with the world in such a way that I can help others by providing details of my own findings, accomplishments and... mistakes, dare I say.

The book is designed to have one entry to read every two days, so you can read, reflect and then read again. Take some time one morning to read the entry. The next day, read the same entry and journal or jot a thought down on a paper. You can make this a 'must do' assignment or just something you want to do for fun.

I encourage teachers to allow this in the classroom because it is great for everyone to relate to and reflect on.

This book is bilingual in English and Spanish so it makes a great gift, not only for English speaking individuals, but also Spanish or Spanglish speaking people who'd like to explore Spanish, or who are intelligent enough to know how to read Spanish! Either way, no matter who you are, this book can be a cool addition to your life.

Thank you for taking the time to read through these entries and I welcome you to the new, first release of the Ennio Emmanuel Publishing Co., Simple Thoughts For Everyday Life.

Best regards,
Ennio Emmanuel

ESP
INTRODUCCIÓN

Cuando estaba escribiendo este libro durante el período de dos años, nunca supe realmente si alcanzaría el esfuerzo final de publicarlo. Gracias al apoyo de los fans que siguen mi música y otras experiencias vividas, pude finalizar esta meta.

Quiero dar gracias brevemente a todos aquellos que me han mostrado su apoyo. Este libro resume todas mis motivaciones. Puse mi vida en este libro en un ormato sencillo, para que cualquier persona de cualquier trasfondo pueda encontrar algo que disfrutar.

Leí algunos de los párrafos que he escrito y aún uso esas palabras para ayudarme a crecer como persona diariamente.

Este libro no es solo de autoayuda, sino que también es como si tú y yo estuviéramos pasando un rato juntos mientras yo te hablo de las cosas que pasan por mi mente. El libro es sencillo, sin embargo, espero poder continuar compartiendo con el mundo los pensamientos que vienen a mi mente de manera que pueda ayudar a otros proveyendo detalles de mis propios descubrimientos, logros... y errores, me atrevo a decir.

Lee una nota por día, o preferiblemente cada dos días. El libro está diseñado para que se lea una nota cada dos días, para que puedas reflexionar y leerlo otra vez. Toma un momento por la mañana para leerlo. A la mañana siguiente, léelo otra vez y escribe algo en tu diario o anótalo en algún papel. Puedes hacer que sea una tarea o simplemente una diversión (especialmente al hacerlo una vez, las próximas veces será más divertido de hacer, así que sigue con el ciclo de leer una nota del libro al menos un par de veces en la vida).

Animo a los maestros a permitir hacer esto en las clases porque es muy bueno para todos para sentirse identificados y reflexionar sobre el tema.

Este libro es bilingüe, está en inglés y en español, así que es un buen regalo no solo para los que hablan el idioma inglés, sino también el español o "spanglish" que quieren explorar el idioma, ¡o que se creen suficientemente inteligentes al leer en español! De todas formas, no importa quién eres, este libro puede enriquecer tu vida.

Gracias por tomarte el tiempo de leer estas notas y bienvenido/a al nuevo y primer lanzamiento de Ennio Emmanuel Publishing Co., Pensamientos Sencillos Para La Vida Diaria.

Saludos,
Ennio Emmanuel

I HAVE ALL THE TIME IN THE WORLD

ENG

Sometimes we get so caught up in work that we begin to feel like we are running out of time to reach our goals. But really each life is made up of one solid time frame that does not have to be filled with anything but joy. Of course, we are going to encounter things that will make us unhappy, and tragedies are bound to happen. But if we truly put life into perspective, we have all the time in the world! When you find yourself facing a million things to do or you've reached your last strand of hair to pull, tell yourself, "I have all the time in the world." Let your mind rest in that thought and begin to relax a little. You do not have to get all wound up.

If you begin to worry, you are going to lose yourself and you'll spoil the fun that you can have!

TENGO TODO EL TIEMPO DEL MUNDO

ESP

En la vida nos ocupamos tanto de los problemas cotidianos que dejamos que nuestras mentes crean que tenemos un límite de tiempo para solucionarlos y que, una vez alcanzado, todo colapsará a nuestro alrededor. Nuestra vida tiene un marco de tiempo que solo debiera ser llenado de alegría. Por supuesto que vamos a encontrar cosas que nos van a hacer infelices y tragedias pueden ocurrir, pero si realmente ponemos nuestra vida en perspectiva, ¡tenemos todo el tiempo del mundo! Cuando te encuentras enfrentando un millón de cosas que hacer o ya no te quedan más pelos que arrancarte, di a ti mismo: "tengo todo el tiempo del mundo". Deja que tu mente descanse en ese pensamiento y empieza a relajarte. No tienes que resolverlo todo. Si empiezas a preocuparte vas a perderte a ti mismo, ¡y vas a arruinar la alegría que puedas tener en tu vida!

ENG

Some of us grow up in loving families or communities and some of us don't see true love until we grow old. If you've felt love, you know that it's a tricky thing. It makes you do unusual things, and forgive people for actions that you would normally forbid.
But even with its craziness, it can bring a sense of fulfillment like nothing else. It is easy to say that you should not let it go once you've found it, but you need to nurture love and treat it with care.
Like an animal waiting to leave a bad owner's home, love will find a way to leave your side if it is not treated with respect.
You need to realize that if you love someone they need to respect you.

If love were so easy to find then it wouldn't be so hard to keep.

ESP

Algunos crecemos en familias y comunidades amorosas y algunos no conocemos el verdadero amor hasta que somos adultos. Si alguna vez sentiste amor, sabes que es engañoso. Te hace hacer cosas inusuales y perdonar a la gente por cosas que normalmente no permitirías, pero aún con su locura, te puede brindar plenitud como ninguna otra cosa. Una vez que lo encuentras está claro decir que no deberías dejarlo ir. Tienes que cultivar el amor y tratarlo con cuidado, porque así como un animal puede huir de un mal dueño, el amor encontrará la manera de irse de tu lado si no se siente respetado.
Esto también implica que tienes que darte cuenta que si alguien te ama, tiene que respetarte. No te conformes con un amor que no está dispuesto a pelear por ti. Si amas a alguien, debería estar dispuesto a hacer lo que sea que tenga que hacer para asegurarte que estés protegido y que realmente puedes sentir amor. No te conformes con palabras, sino espera que se prueben también con los hechos.
Amor: no es fácil de encontrar y de seguro es difícil de mantener.

Si el amor fuera tan fácil de encontrar, no sería tan difícil de conservar.

OBEY YOUR SOUL

When you have a bad habit or something you do that you know you shouldn't, how do you listen to your soul's plea to quit?
Your soul will request things of you and you need to listen to that inner voice so you can develop into the best person you can be.
Being the best means getting rid of the worst in you.
So if something in your life isn't right, then take care of it as soon as possible. Otherwise it will contaminate other good parts of your life.
Bad things are like lies. Lies get worse when you try to keep them going and usually crumble with time. In that same manner, your bad habits will catch up with or affect positive things in your life.
Stop this from happening and make a positive move to becoming the best person you can be!

OBEDECE A TU ALMA

Cuando tienes un mal hábito, ¿qué tanto escuchas a tu alma pidiendo que lo dejes?
Tu alma pide cosas y tienes que escuchar esa voz interior para poder llegar a ser la persona que podrías ser.
Ser el mejor implica soltar lo peor de ti.
Por lo tanto si algo está mal en tu vida, termina con eso lo antes posible para que no contamines otras partes buenas de tu vida.
Las cosas malas son como las mentiras. Las mentiras se ponen cada vez peor si tratas de sostenerlas y usualmente se derrumban con el tiempo. De la misma manera, los malos hábitos afectarán las cosas buenas de tu vida.
¡Evita que esto suceda y da un paso positivo hacia la persona que puedes llegar a ser!

WASH MY MOUTH OUT WITH SOAP

ENG

We've all heard the grumpy person with the dirty mouth. In our lives we will have the choice to speak dirty or try to clean up our act. Sure, when you're mad a couple of things that aren't so pretty may come to your mind, but overall, you've got to work hard not to let those bad thoughts come out of your mouth. You may be asking, "What does it matter?". Well, most of what comes from your mouth is planted somewhere in your heart. I mean, think about it, how is it possible to let something ugly, dirty, and filthy come out of the same mouth that tells your loved ones or family that you love them. Which ones were planted in your heart? They both were. You made a decision to keep those words and thoughts of hate in you to use for whatever situation you feel they are suitable for.

I believe each of us can control that anger that rises up in us and causes us to use derogatory language. I don't say this because I want to feed into the people who say cussing is bad, because I know that cuss words are just words and we as people give words their meanings. I do care about what we allow ourselves to let into our hearts, and if you're using your beautiful mind and heart to harbor hate as well as love, you will live a life where you may never really know what showing love to others is. People can see the anger and hate that is in you by the way you talk, and they may be too scared of it to show you love. By keeping that hate and anger inside of you, you may never receive the benefit of true love! So take care of the words you speak and try to speak words of compassion that show a sound mind.

LAVARME LA BOCA CON JABÓN

ESP

Todos hemos oído a un gruñón diciendo malas palabras. En la vida tendremos oportunidades de hablar mal o de tratar de limpiar nuestro actuar. Por supuesto que si estás enojado, algunas cosas no muy lindas se te vienen a la cabeza, pero tienes que esforzarte para que esos pensamientos no vengan a tu boca. Quizás te preguntas… ¿por qué es importante? Bueno, mucho de lo que decimos proviene de lo que está sembrado en nuestro corazón. Quiero decir, piensa en esto, ¿cómo puede ser que algo feo, desagradable y sucio haya salido de la misma boca que le dijo a su familia que los ama? ¿Qué cosas estaban plantadas en tu corazón? Ambas. Tu decidiste mantener esos pensamientos de odio en ti para usarlos en cualquier situación que fuera conveniente. Yo creo que todos podemos controlar ese enojo que viene de adentro de nosotros y que ocasiona que usemos un lenguaje despectivo. Y no digo esto porque quiera quedar bien con la gente que dice "decir malas palabras está mal" porque yo sé que las palabras son sólo palabras y es la gente la que les da significado. Pero sí me importa qué es lo que dejamos que entre en nuestro corazón y si estás usando tu hermosa mente y corazón para cultivar el odio así como el amor puede ser que lleves una vida en la que nunca sepas qué es darle amor a otros. Al no quitar ese enojo y odio de tu corazón, puede que nunca recibas el beneficio del verdadero amor, ¡porque la gente puede tener miedo de mostrarte amor verdadero a causa del odio y el enojo que ven en ti cuando hablas! Así que ten cuidado de las palabras que hablas, que estas sean palabras de compasión para que puedas beneficiarte de otros que quieran mostrarte amor y compasión.

ACCEPTANCE

Our hearts all beat the same way and our blood is the same color. We are all human beings, regardless our culture, race, color of skin, or other particulars. No person should believe himself or herself to be a better human being than another. What makes us different is the life and place we are born into, the choices that are made for us as children, and the decisions we make as we grow older. These particulars should not be a basis to judge anyone or look at others with judgmental or prejudiced eyes. Rather, we should learn to appreciate each person for his or her strengths and make an attempt to show others our strengths. We are not all blessed with the greatest family, financial situation, or health, but we are all born into the same world as the same thing—human beings. So do not treat other human beings as mere objects or animals, but learn to appreciate and uplift each person. The time will come when you will need a helping hand, and you may be surprised to find that your help may come from the same human beings you rejected. There are bridges of love that join each of us. Make every attempt to strengthen that bridge with every human being you encounter, because a burned bridge will only make life more difficult for you when you need to find a way to get to the other side.

ACEPTACIÓN

Nuestros corazones laten igual y nuestra sangre es del mismo color. Más allá de nuestra cultura, color de piel y otras particularidades, todos somos seres humanos. Nadie debería creerse mejor humano que otro. Lo que difiere es la vida en la que nacemos, las elecciones que hacemos de chicos, las decisiones que tomamos de grandes y en qué parte de la tierra nacemos. Estas particularidades no deberían ser motivo para juzgar a otros o mirar a otros con ojos prejuiciosos. En cambio, deberíamos apreciar a cada persona por sus fortalezas y hacer el intento de mostrar a otros nuestras fortalezas para hacer a cada persona mejor. Puede que no seamos bendecidos con la mejor familia, situación económica o salud, pero nacemos en este mundo como una misma cosa: seres humanos. Así que no tratemos a otros humanos como meros objetos o animales sino aprendamos a apreciar y elevar a cada persona, porque llegará el momento que tú necesites una mano y podrías sorprenderte al descubrir que la ayuda viene de esos mismos humanos a los que has rechazado. Hay puentes de amor que pueden unirnos, haz el intento de fortalecer cada puente con cada persona porque un puente quemado sólo te hará la vida más difícil cuando necesites llegar al otro lado.

CONTROL - YOU CAN'T CONTROL PEOPLE

There are people who are control freaks...are you one of them? We were given free will when we were born into this world and although we can't enact that truth until we are old enough to make mature decisions, the basic truth is that we are born with free will. Free will means that we can decide to do what we want apart from what other people tell us to do. There will be people who want to control your life and manipulate you to do what they want from you, but remember, you are a person born with free will!

You can make decisions for yourself, research your choices for yourself, and no one has the authority to force you to do anything you think is wrong. In making our life choices we are blessed with the ability to get advice from intelligent sources and people, but we don't need to be manipulated. Advice and manipulation are two different things!

If you feel you are being manipulated or forced into something or some decision that does not feel right in your heart, then you need to express those feelings and do something about it. Remember the just and pure of heart always win. If you are the person trying to control others, like all dictators in this world, the time will come when your controlling nature will fail and free will shall reign! **Be Free!**

CONTROL - NO PUEDES CONTROLAR A LA GENTE

Algunas personas son dominantes... ¿Eres uno de ellos? Tenemos libre albedrío cuando llegamos a este mundo y aunque no podemos ponerlo totalmente en práctica hasta que somos adultos para tomar decisiones maduras, la verdad básica es que todos nacemos con libertad de decisión. Libertad de decisión significa que podemos hacer lo que queramos más allá de lo que otro nos diga que hagamos. Habrá gente que va a querer controlar tu vida y manipularte para lograr lo que ellos quieran de ti ¡pero recuerda que eres una persona con voluntad propia! Puedes tomar tus propias decisiones, evaluar las posibilidades por tu cuenta y nadie tiene la autoridad de influenciarte sin tu consentimiento. Al tomar nuestras decisiones tenemos la bendición de tener consejo de gente con más conocimiento pero no tenemos que ser manipulados. ¡Consejo y manipulación son dos cosas diferentes! Si sientes que estás siendo manipulado u obligado a tomar una decisión que no sientes correcta en tu corazón, tienes que expresar esos sentimientos y hacer algo al respecto. Recuerda que el corazón justo y puro siempre gana, así que si tú eres una persona tratando de controlar a otros, como cualquier dictador en este mundo, llegará el momento en que tu control fallará y tu libre albedrío vencerá. **¡Sé libre!**

GOOD TIMES ARE NEVER FORGOTTEN

ENG

Sometimes in my travels I get to experience the joy of meeting new people and experiencing new places. I think this part of traveling is great, but we must remember to cherish every moment in every place we are taken.

You will never be able to visit or experience every place you want too, and that can be a sad fact for those of you who have loved ones or friends in different states or countries.

Don't take for granted the time you have with people, because before you know it, you will be off on your next adventure and those people you've shared your love with will stay behind.

You can shed a tear or say a prayer, but that won't bring those people closer to you. What you can do is value every moment you have with every person you love, because good times are never forgotten.

ESP

LOS BUENOS MOMENTOS NUNCA SE OLVIDAN

A veces viajando tengo la alegría de conocer personas en nuevos lugares. Creo que esa parte de viajar es genial, pero debemos recordar apreciar cada momento en cada lugar que somos llevados.

Nunca vas a poder visitar y experimentar todos los lugares que quieras y eso puede ser algo difícil para la gente que tiene seres queridos en otras provincias o países.

No subestimes los momentos que tienes con las personas porque antes de que te des cuenta vas a estar en camino a tu próxima aventura y esas personas con las que compartiste tu amor se quedarán ahí mientras tú sigues tu camino.

Puedes derramar una lágrima o hacer una oración pero eso no los acercará a ti. Lo que puedes hacer es valorar cada momento con esas personas, porque los buenos momentos nunca se olvidan.

SELF-WORTH

ENG

I was speaking with someone recently and I asked this person what he wanted to be when he grew older or what aspirations did he have when he was younger. The young man told me that he did not know. It was hard for me to believe this, because growing up I had a list of things I wanted to accomplish. I don't know if I had a list because it was rooted in me by my family at a young age that I needed to figure my future out. Maybe the desire in me to be something great was so strong that I would always be thinking of business ideas and ways to keep myself busy or making money. I remember when I was eight, I built my own Italian water ice stand in an inner city and sold the water ice to people walking by. I built the stand with some leftover plywood I had found at a nearby business. Before I knew it I was selling water ice and making some extra money to save up. Now, that business didn't last longer than a summer, and even though I may had thought it was going to be a huge success at the little age of 8, we all know that most businesses shut down in their first year.

Being determined to do something with my life at a young age may have kept me on my feet as I grew older. continuing to search for my life's purpose and meaning. If you find yourself confused about your purpose, just know that you are not alone!

Many people don't consider what they should do with their lives as they grow older, but I want to encourage you to try. Give your life some thought! Think about what you enjoy doing and what you are good at. You can accomplish anything you put your mind too, but you need to create the 'thing' you're going to do first. If you get along with people easily, then you should do something around people. If you don't get along with people, consider a job that includes a computer, a cubicle, and you. Whatever you get yourself into, just know that there is something out there for you and right now is not too early or too late to find it.

Recientemente estaba hablando con alguien y le preguntaba a esta persona qué quería ser cuando fuera más grande o qué aspiraciones tenía cuando era más chico. El joven me dijo que no sabía. Me costaba creer esto porque cuando yo era chico tenía una lista de cosas que quería lograr. No sé si tenía la lista porque mi familia me inculcó desde los primeros años que tenía que planear mi futuro, o quizás el deseo en mí de llegar a ser alguien grande era tan fuerte que siempre pensaba en ideas de negocios y formas de mantenerme ocupado o hacer dinero. Recuerdo que cuando tenía ocho años construí mi propio puesto de venta de raspado de nieve en el centro de una ciudad y se lo vendía a la gente que pasaba. Construí el puesto con algo de madera que sobraba de un negocio vecino y antes de que me diera cuenta ya estaba haciendo dinero para ahorrar. Ahora bien, el negocio no duró más que un verano y aunque yo pensaba que iba a ser un gran éxito a la pequeña edad de 8, todos sabemos que la mayoría de los negocios cierran durante el primer año.

Estar determinado a hacer algo con mi vida desde pequeño puede que me haya mantenido a lo largo de los años buscando mi sentido y propósito. Si estás confundido acerca de tu propósito en la vida, ¡no estás solo! Mucha gente no piensa qué debería hacer con su vida cuando son adultos pero yo te animo a que lo hagas. ¡Piensa un poco en ti mismo! Piensa en qué cosas te gusta hacer o en qué eres bueno. Puedes lograr cualquier cosa que te determines, pero primero necesitas saber cuál es esa "cosa". Piensa en qué eres bueno y dentro de qué industria. Si te relacionas fácil con las personas deberías hacer algo que implique trabajar con personas y si no te llevas bien con las personas, piensa en algún trabajo con una computadora, en un escritorio de oficina. Cualquier cosa en la que te involucres, hay algo para ti ahí afuera ahora mismo y no es demasiado tarde para encontrarlo.

ESP

VALE LA PENA

WAKING UP EARLY

Waking up early, although one of the worst things that I feel can be done to a human being, is also one of the best things to do as a human being.
Waking up early allows you to be on another brain cycle that adds hours of life to your day.
You can work out, read, or even do nothing, but your body will enjoy the rise of the sun and the sound of the world rising around you.
Don't under estimate an early morning, because it could be the thing you need to make you an 'overnight success.'

ENG

LEVANTARSE TEMPRANO

Despertarse temprano, aunque por un lado es lo peor que se le puede hacer a un ser humano, es también lo mejor que puede hacer un ser humano.
Despertarse temprano te pone en otro ciclo mental agregando horas de vida a tu día.
Puedes hacer ejercicio, leer, o simplemente hacer nada pero le permitirá a tu cuerpo disfrutar la salida del sol o los sonidos del mundo despertándose para cumplir con las necesidades diarias.
No subestimes la mañana porque puede que sea lo que necesitas para ser un "éxito inmediato".

ESP

COFFEE – WHAT IS COFFEE AND WHY SHOULD I CONSUME IT?

ENG

As a young person growing up in a Spanish home, my family always drank coffee. It's just a bean from the ground, ground up and poured over with hot water. The hot liquid trickles down to a pot, becoming a beverage that so many people (including myself) enjoy. Coffee can come light, dark, medium, or even flavored. Coffee is great like people are great.

Coffee is like people. We can be hyper or calm… light, medium, or dark, and from different countries. We can be served in different sizes, and most importantly, no matter what kind of coffee you are, you are loved by many people all around the world.

CAFÉ – ¿QUÉ ES EL CAFÉ Y POR QUE DEBERÍA TOMARLO?

ESP

Como un joven que creció en una familia latina, mi familia siempre tomaba café. Es solo un grano del suelo, procesado y filtrado en agua caliente. Esta agua caliente cae en tu taza y crea esta bebida caliente o fría que tanta gente (incluyéndome) disfruta. Puede hacerse suave, negro o mezclado. El café es tan bueno como la gente.

El café es como la gente. Podemos ser hiperactivos o tranquilos… claros, oscuros o mixtos según nuestra región del mundo, podemos estar servidos en distintos tamaños, y aún más importante, más allá de qué tipo de café seas… eres amado por mucha gente alrededor del mundo.

WORKING WITH FAMILY

If you are one of the blessed people that get the opportunity to work with your family, then I have some pointers for success. If you do not work with your family these pointers will still help you along your path - so pay attention!

Here's a pointer to start with: Make sure to not mix personal money with business money. Yes, they are kind of the same thing mentally, but if you don't start separating from the beginning you'll run into problems later with your organization and paperwork (not to mention government taxes! Eek!).

Learn to distance yourself sometimes when you're around the same people at family dinners that you're with at your 9-5 job (or whatever hours you work). There is craziness bound to happen if you don't give everyone some space! Don't think that you can be around the same people all the time and no one is going to go crazy! Someone will go crazy —and it may even be you!

Remember to respect ALL parties involved. Sometimes when you work with family, you tend to say and do things that you normally wouldn't do with non-family people in the work place or at home. You may think you will get away with it because you are all 'family,' but you are really damaging the core unit that in the long run should strengthen your life. So make sure you respect everyone around you —family or not!

TRABAJAR CON LA FAMILIA

Si eres una persona bendecida con la posibilidad de trabajar con tu familia, tengo algunas indicaciones para que logres el éxito. Si no trabajas con tu familia, de todas formas te pueden ayudar a lo largo del camino. ¡Así que pon atención!

Acá hay un punto para comenzar: Asegúrate que tu dinero personal no se mezcle con el dinero del negocio familiar. Sí, son de alguna manera la misma cosa pero si no empiezas a separarlos desde el principio vas a tener problemas después con tu organización y papeleo (¡sin mencionar los impuestos del gobierno! ¡Ay!).

Aprende a distanciarte cuando estás siempre con la misma gente en las cenas familiares y tu trabajo de 9 a 5 (o el horario que tú trabajes). ¡Se puede tornar una locura cuando no le das a la gente el espacio que necesita! ¡No puedes pensar que puedes estar con la misma gente una y otra vez y nadie se va a volver loco! Alguien va a enloquecer, ¡y puede que seas tú!

¡Recuerda respetar a TODAS las partes involucradas! A veces cuando trabajas con tu familia tiendes a decir cosas que normalmente no dirías a personas que no son familiares en el lugar de trabajo o en la casa. Podemos pensar que no hay problema porque "somos familia", ¡pero podemos estar dañando la unidad central que a la larga fortalecerá tu vida! Así que asegúrate de respetar a todos a tu alrededor, ¡sean familia o no!

SHORT TIME FRIENDS. LONG TIME FAMILY

You'll have some friends that you know will be your best friends. You may spend your youth acting young and dumb and you'll be numb to anything sane or well-mannered with some other friends. Be careful during these times of vulnerability and youthfulness. It is during these times you may be fooled to think that short-term friends are actually long-term family.
Yes, there may be people you think will always be by your side, but as you grow older, you will find that people will move out of your 'bubble,' and the few that truly matter will stay close. Most acquaintances you have today will be social media friends. Be smart about who you let close to you, because you don't want to be hurt by your short-term acquaintances and lose out on time with friends that can be like family to you in the future.

AMIGOS POR UN BREVE TIEMPO. FAMILIA POR UN LARGO TIEMPO

Vas a tener algunos amigos que sabes que van a ser tus mejores amigos. Podrías pasar tu juventud haciendo tonterías y haciendo caso omiso a cosas saludables y buenas que podrías hacer con otros amigos. Ten cuidado durante esas épocas vulnerables y juveniles porque es ahí cuando te engañas a pensar que tus amigos de este breve tiempo serán familia para siempre. Sí, van a haber personas que creerás que SIEMPRE estarán a tu lado, pero a medida que crezcas vas a encontrarte con que esas personas se fueron de tu "burbuja" y los pocos que realmente importan se quedaron. La mayoría de los conocidos que tienes ahora son de páginas sociales de internet. Piensa bien a quiénes dejas estar cerca de ti porque no te gustaría que te lastimen conocidos que son de un tiempo pasajero cuando podrías pasar tiempo con amigos que en el futuro podrían ser familia para ti.

*N*ever let one person take your joy away from you. The world could crumble down around you, but you have it in you to fight. There will be those people who will take you to a horrible place at times in your life, and you can not let them win.

You are better than them and you are stronger than you think. Joy is something you can find in you. Sit down and say good things to yourself like, "I'm great," "I'm the best thing to happen in this world," "I'm amazing and capable of beautiful things," or, "I can change the world and make my life better for the people I love and myself." Sometimes saying good things to yourself can help you realize that you probably don't believe the good things you're saying. You may never believe these words you're saying, but I promise if you continue to tell them to yourself, there will come a time when you will grab onto the feeling that you have when you say these things, you will use it.

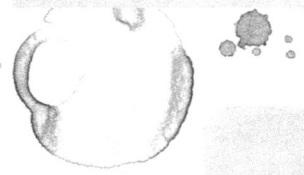

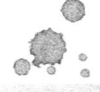

*N*unca dejes que alguien te quite la felicidad. El mundo podría estar desmoronándose a tu alrededor pero tienes las fuerzas para seguir adelante. Siempre va a haber alguien que intente deprimirte pero no debes dejarle ganar. Eres mejor que ellos y más fuerte de lo que imaginas. La felicidad es algo que puedes hallar en tu interior. Siéntate a pensar y a decir cosas positivas de ti mismo como "Soy genial", "Soy lo mejor que le pasó al mundo", "Soy grandioso y capaz de hacer cosas hermosas", o "Puedo cambiar el mundo y mejorar mi vida para las personas que amo y para mí mismo". A veces decirte cosas buenas a ti mismo puede hacerte dar cuenta que realmente no crees esas cosas. Pero te prometo que si insistes en decirte esas palabras positivas, vas a llegar a un punto en el que vas a aferrarte al sentimiento que tienes cuando las dices, y podrás usar eso en tu día a día.

LIVE AND LEARN

ENG

There is a reason we weren't born with infinite knowledge. If we were born knowing everything, we'd all be the same and somehow it wouldn't work. Therefore, we must live and learn. Some people forget that in order to live the life they want, they need to learn the life they want. Learn life lessons and take on life's challenges along with the blessings. Be positive about every aspect of life, and if life throws you a curve ball, take it as a lesson. Turn it into something positive that you can use. If you choose to learn this life, you will live in this life. But if you choose to learn nothing, you will live nothing.

VIVE Y APRENDE

ESP

Hay una razón por la cual no nacemos sabiéndolo todo. Si lo supiéramos todo desde el comienzo todos seríamos iguales y eso no tendría sentido. Por lo tanto, debemos vivir y aprender. La gente olvida que para vivir la vida que quieren deben aprender a vivir la vida que quieren. Conoce las lecciones de la vida y acepta desafíos junto con lo bueno. Sé positivo en todos los aspectos de la vida y si esta te pone un obstáculo tómalo como una lección o algo que de algún modo podría convertirse en algo bueno para ti. Si aprendes a vivir la vida entonces podrás avanzar en ella, pero si nunca aprendes nada entonces nada vas a poder vivir.

YOU ANNOY YOURSELF

Sometimes the things that annoy you about yourself are the things that make you who you are. You may be extremely good at math, you may be quirky in how you organize your things, or you may have really weird but unique hand writing...These small things that bug you about yourself can be used to benefit you!

You weren't given these characteristics just to have them and not put them to use. You were given every part of who you are, and these things define you.

Let your annoyances be things that you embrace no matter what they are! Love yourself, because every part of you is special and every part of you is lovable!

Even if you're quirky, you still are loved!

What are your quirky and cool traits?

ENG

TE MOLESTAS DE TI MISMO

A veces las cosas que más te molestan de ti son las cosas que te hacen único. Puede que seas realmente bueno en matemáticas, puede que seas muy peculiar en cómo organizas tus cosas, o puede que escribas con una letra muy rara y particular... lo que sea que no te guste de ti mismo debes usarlo para tu beneficio.

No naciste con estas cualidades en vano. Naciste con estas cualidades porque ellas van a ayudarte a definir tu identidad. ¡Deja que tus costumbres raras sean cosas que te agraden, no importa lo que sean! Amate a ti mismo porque cada parte de tu ser es especial y única. ¡Incluso si eres raro, debes amarte!

¿Cuales son tus características única y especial?

ESP

DON'T TAKE PLEASURE IN WATCHING OTHERS SUFFER

ENG

Don't take pleasure in watching people suffer. At times there are people we would like to see suffer some form of pain because they caused us pain.
Even then, it is not right. Just because you feel some way does not mean that the feeling is justified.
You need to leave the fate of other people to the hands of time. Time always gives justice where justice is deserved. Don't take matters into your own hands unless time asks that of you.
Be smart about what you wish on others. Be wise before getting pleasure from someone else's misfortunes. Listen to your heart's sensitivity to each issue, because your heart will never lie.

NO TE ALEGRES DEL SUFRIMIENTO AJENO

ESP

No te alegres del sufrimiento ajeno. A veces hay personas a las que nos gustaría ver sufrir por cosas horribles que nos hicieron, pero aun así eso no está bien. Que sientas algo no significa que eso sea justificado. Tienes que dejar que la vida de otros caiga en manos del destino. A veces el tiempo nos muestra que la justicia caerá en el momento indicado. No te envuelvas en asuntos a menos que el tiempo sea el apropiado. Ten cuidado con lo que le deseas a los demás, piénsalo bien antes de alegrarte de las desgracias de otros y escucha lo que tu corazón dice sobre cada cosa porque él nunca miente.

COME BEARING GIFTS (ENG)

When you are going into a situation asking for respect, recognition, favor or approval from someone or a group of people, you should show up with some love!

Coming empty handed doesn't make you a bad person, but you'd be surprised how far a little chocolate or a nice card will go with those from whom you seek approval.

Depending on your situation, do your best to not show up empty handed when your name is on the line, especially in a make it or break it situation.

VEN CON REGALOS (ESP)

Cuando le exiges a alguien o a un grupo de personas cierto reconocimiento, respeto o aprobación, ¡deberías presentarte con un poco de amor!

Aparecer con las manos vacías no te hace una mala persona pero te sorprendería lo mucho que un chocolatito o una linda tarjeta puede hacer cuando buscas la aprobación de alguien.

Según la situación, haz tu mejor esfuerzo en no aparecer con las manos vacías, especialmente si eres de importancia en ese evento o si es un momento definitorio, un "ahora o nunca".

THE PERFECT STORM

ENG

When you know something's coming and you have time to prepare, make sure you prepare! Just like people prepare for a storm by getting milk and water, you should also prepare when you know something drastic is coming into your life. It could be changes at your job, or a family feud about to rumble.
Whatever it is, do not leave the planning and preparation for the last minute! When you leave things for the last minute, your decisions will be irrational and you'll have the worst choices to choose from when doing your planning. Just like a person would have no milk or supplies because they planned too late before a storm, you will be left stranded with bad options in your life if you don't prepare for the 'storms' that hit!

LA TORMENTA PERFECTA

ESP

Cuando sabes que algo grande se viene y tienes tiempo para prepararte… ¡asegúrate de hacerlo! Como cuando la gente sabe que una gran tormenta está por venir y procura conseguir leche, agua y demás, así debes prepararte cuando algo drástico viene a tu vida. Podrían ser cambios en tu trabajo o una tonta disputa familiar a punto de surgir, lo que fuere, ¡no dejes toda la preparación para el último minuto! Cuando dejas todo para lo último, tus decisiones son irracionales y por eso tomas las peores que quedan. Así como cuando una persona que no se preparó con tiempo ante la tormenta se queda sin leche, agua y refugio, ¡a ti solo te quedan las peores decisiones si no te preparas con tiempo para las "tormentas" que vienen a tu vida!

RECHARGE

ENG

When your cell phone or your car is running low on battery, what do you do?
You either let it die or you recharge it. We live in a world that is a plug and go society, and that certainly does not exclude your body. Did you know that you could possibly go longer without water than you could without sleep?
Make sure to refill your body's internal battery. Get the sleep you need and take the right vitamins for your lifestyle. (Of course, seek advice from a licensed physician for the vitamin advice!)
Be sure to get some vitamins without all the preservative fillers. Eat the right foods, but don't deprive yourself of your favorite snack foods from time to time. Exercise and water can transform your life and your body's response to daily activity. Don't ignore the fact that your body needs to have its 'battery' recharged. You'll not only live a healthy life, you'll live a happier life. Obviously some genetic illnesses are inevitable, but you can be sure that these tips will do your body good!
Recharge yo' self and light up your soul!

RECÁRGATE

ESP

¿Qué haces cuando a tu celular o, incluso hoy en día, a tu auto le queda poca batería? O lo dejas morir o lo recargas. Vivimos en un mundo donde la sociedad se maneja bajo "enchufar y usar" y eso no excluye tu cuerpo. ¿Sabías que puedes pasar más tiempo sin agua que sin sueño? Asegúrate de recargar la batería de tu cuerpo. Duerme adecuadamente y toma las vitaminas necesarias para tu estilo de vida (¡aunque para ese consejo mejor consulta un médico licenciado!) Asegúrate de tomar vitaminas sin demasiados conservantes. Aliméntate con comida sana y no te prives de tus bocadillos favoritos de vez en cuando. El agua y el ejercicio puede transformar tu vida y la respuesta de tu cuerpo ante las exigencias de la vida diaria. No te olvides que tienes que recargar la batería de tu cuerpo. No sólo vas a tener una vida sana sino también una vida feliz. Claro que algunas cuestiones genéticas son inevitables, ¡pero puedes estar seguro de que estos puntos para una vida más sana te van a hacer bien! ¡Recárgate y enciende tu alma!

C&C - CHOICES AND COST

ENG

Just because something is more expensive doesn't mean it's better. Always find value in everything, no matter what the cost. Don't be fooled by expensive gimmicks, but also don't fall for cheap alternatives that are proven to not work. Do your research on all things — cheap or pricey.

Make balanced decisions, because in doing so you'll find that, in the long run, everything you own will praise you. I don't mean praise you like a god. But when you have the right things, your life will be smoother. Don't get something just because it's more expensive or "in style," and also don't try to settle for less. Do the research and you'll find that the things you own will be better for your life.

D&C - DECISIONES Y COSTO

ESP

Que algo sea más caro no significa que sea mejor. Siempre búscale el valor verdadero a todo, sin importar el costo. No te dejes engañar por las mentiras comerciales ni tampoco caigas en cosas baratas que no valen la pena. Busca información sobre todo –caro o barato–. Toma decisiones equilibradas porque si lo haces a la larga te vas a dar cuenta de que todas tus cosas te van a enaltecer. No quiero decir que te van a enaltecer como a un dios, sino que cuando tienes las cosas correctas en tu vida, ésta se hace más fácil. No agarres algo solo porque es caro o porque está a la moda, y tampoco te rebajes a menos. Busca la información necesaria sobre todo y te vas a dar cuenta que las cosas que adquiriste te ayudan a alcanzar una vida mejor, más equilibrada y relajada.

We have our ups and downs, but we must never give up! Life will not give up on you if you don't give up on it. Each day is a new chance to discover something you haven't understood.

There are always new things to be discovered, and old things to be rekindled. Evaluate what you need today so that life stays fresh. Do you need to try or do something new, or should you try something that brings you happy memories from your past?

ENG

IF YOU DON'T GIVE UP ON LIFE. LIFE WON'T GIVE UP ON YOU

ESP

En la vida tenemos nuestros altibajos pero lo importante es nunca rendirse! La vida no se rinde contigo si tú no te rindes con ella. Cada día es una nueva oportunidad para conocer o entender algo que no conociste ni entendiste en el pasado. Hay nuevas cosas por descubrir y viejas cosas por volver a vivir. Piensa qué es lo que necesitas hoy en día para vivir de forma fresca e innovadora. ¿Quieres hacer algo nuevo o quieres volver a hacer algo que te hacía feliz en el pasado? Sea algo nuevo o viejo, la vida está llena de momentos especiales e increíbles que debes experimentar, así que no te rindas. Disfruta cada momento y trata de guardar esos momentos en fotos y videos que puedas ver cuando tu vida se complique. Recordar y atesorar los buenos momentos te ayuda a darte cuenta de que en los breves ratos que compartimos con otros somos capaces de impactar y tocar sus vidas diariamente.

SI NO TE RINDES CON LA VIDA. LA VIDA NO SE RENDIRA CONTIGO

IDEA MOMENTS

ENG

Every minute of every day is a moment when an idea could come to you. Be ready for it!
You may not have new ideas every day, but there will be those times when great ideas will pop in your head and you need to remember them so you can use them. Try to write your ideas down in your phone or on paper so that you don't forget them. Pay attention to what your brain tells you. Its not fair to let great ideas just pass you by without possibly turning them into reality. Be alert and aware of your ideas because you never know if your idea could be the next breakthrough that changes the world for the next generation!

IDEAS MOMENTÁNEAS

ESP

Una idea puede llegar a ti en cualquier minuto de cada día. ¡Mantente preparado para eso! Van a haber tiempos en los que no se te van a ocurrir cosas, así como también hay tiempos en los que una gran creatividad puede llegar a tu cabeza y es en esos momentos en los que tienes que prestar atención a tus ideas para utiizarlas en tu vida. Trata de escribirlas en tu celular o en un papel así no las olvidas. Presta atención a lo que tu cerebro dice porque no sería justo dejar pasar grandes ideas sin darles la posibilidad de hacerse realidad. ¡Mantente atento a las cosas nuevas que se te ocurren porque nunca sabes si tu idea puede generar un cambio en el mundo!

LOVE

ENG

Falling in love or suffering from a broken heart are not feelings you need to try to avoid.

If you like someone and they like you back, try to explore the chemistry between you.

If in the end you let yourself love someone and they break your heart, take the experience with pride knowing you survived a 'broken heart'.

Don't beat yourself up or let sadness eat you up inside. There are billions of people in the world that need and want to be loved. I am sure that there is someone in this world that wants and needs to be loved by you. Allow yourself to learn, love, and live. If you close yourself off from love, you are missing a whole world that could revolutionize and expand your mind. Love shows you your own strengths, as well as your weaknesses. Respect yourself and learn that love is a strong power that can make or break someone. When you love, make sure you mean it and you aren't just leading someone on. There is no point in pretend loving or not taking love seriously because it only permanently damages the person being fooled. We are young and we make dumb decisions, so make sure you are making every choice with extreme caution and don't rush into anything you are not mature enough to handle.

Be wise in the way you love someone and be cautious in how you allow someone to love you. Remember love is a precious thing and it is not to be played with. If you decide to let someone love you, or you decide to love someone else, remember how precious it is.

No intentes evadir enamorarte o el dolor de un corazón roto. Si te gusta alguien y le gustas también, intenta explorar la posibilidad de una relación entre tú y esa persona. Si al final, te enamoras de alguien y él/ella rompe tu corazón, toma la experiencia con el orgullo de saber que sobreviviste a un "corazón roto". No te castigues ni dejes que te consuma la tristeza. Hay billones de personas en este mundo que necesitan ser amadas. Estoy seguro de que hay alguien en este mundo que necesita ser amada por ti. Bríndate la oportunidad de aprender, amar y vivir. Si te cierras al amor, te estarías perdiendo de un mundo entero que podría revolucionar y expandir tu mente sobre lo que es la interacción humana, tus fortalezas y debilidades. Respétate a ti mismo y aprende que el amor es una poderosa fuerza que puede crear o romper a una persona. Cuando ames, asegúrate que sea en serio y que no estés llevando a alguien a la deriva. No tiene sentido pretender que amas a alguien puesto que eso solo lastimaría y dañaría permanentemente a la persona engañada. Somos jóvenes y tomamos malas decisiones así que asegúrate de tomar cada decisión con precaución y no te apures a nada para lo que no estés lo suficientemente maduro. Ten cuidado con tu forma de amar y en cómo dejas que alguien te ame. Recuerda que el amor es algo precioso con lo que no se juega así que si decides amar a alguien o alguien decide amarte, no olvides lo precioso que es.

ESP

AMOR

TAKE THINGS INTO YOUR OWN HANDS

*D*on't be scared to venture into unknown territory. Don't be worried about failing. Failure will come if you call it upon yourself. Don't have failure as an option and you will always be successful. You can't go into a new business or a new venture with failure looming in your mind. Instead, act as if you are already a success and people that have the traits you need will come to you. If you are negative you will only attract negative people who will have nothing positive to offer you on your journey. Be smart. Think positive. Be successful.

ENG

TOMA LAS COSAS CON TUS PROPIAS MANOS

*N*o tengas miedo de aventurarte en terreno desconocido. No temas fracasar. El fracaso viene si tú lo atraes a tu vida. Si no permites que el fracaso sea una opción, siempre serás exitoso. No puedes emprender un proyecto con el fracaso acechando en tu mente. En cambio, actúa como si fueras un éxito y las personas con las cualidades que tú necesitas vendrán a ti. Si eres negativo, atraerás solo gente negativa que no tiene nada para ofrecerte a lo largo de tu camino. Sé inteligente –piensa positivo– sé un éxito.

ESP

CHASE YOUR DREAM

ENG

No dream of mine ever came true just through luck, I had to chase after it.
I believe that if you want something, you need to go after it no matter how impossible it may seem.
I had to really chase after my dreams of working in entertainment and doing humanitarian work. I never thought I'd be able to do either of these things, but they are things I always wanted to do. Growing up, you hear success stories and you think you will never be able to have your own success story. But after I began chasing my dreams and went through my trials and challenges, I found a window of light that led me to make my dreams a reality.
Whatever your dreams or aspirations may be, I promise that you will only accomplish them if you proactively chase after them. Don't think that it's a race with a finish line, but see the path to fulfilling your dreams as a journey that will be remembered forever. It may happen overnight, or it may take years to accomplish. But if you chase vigorously without giving up, I can promise that you will one day reach your goal.

Ninguno de mis sueños ha venido de un golpe de suerte, tuve que perseguirlos.
Yo creo que en la vida, si quieres algo tienes que ir tras ello sin importar cuán imposible parezca. De mi experiencia personal yo he tenido verdaderamente que perseguir mi sueño de trabajar en el entretenimiento y también mi trabajo humanitario. Nunca pensé que eran cosas que podía alcanzar, pero eran sueños que siempre quise lograr. De adulto, escuchas historias de éxito y piensas que tú nunca protagonizarás una, pero una vez que yo empecé a perseguir mis sueños y pasar por mis pruebas y desafíos, encontré una ventana de luz que me guió a hacer mis sueños realidad. Sea cual sea tu sueño, te aseguro que no los alcanzarás a menos que los persigas activamente. No lo veas como una carrera con una recta final, sino como un viaje que recordarás para siempre. Puede suceder de un día para otro o puede tomar años, pero si los persigues vigorosamente y sin darte por vencido, te prometo que algún día los alcanzarás.

ESP

PERSIGUE TU SUEÑO

CHANCES

ENG

Don't be afraid to take chances. Sometimes we get the outcome we want and other times we fail completely, but if someone like Donald Trump can go bankrupt and make a comeback, then any of you can risk something and be strong enough to bounce back if it fails. You've got the power! Only through risks, chances and crazy dreaming can your aspirations live—and if you are willing, those aspirations and dreams of yours can become reality. Do not fear taking chances, but rather fear a life of playing it safe and always asking yourself, ´what if´.

RIESGOS

ESP

No tengas miedo de arriesgarte. A veces obtenemos los resultados que buscamos y a veces fracasamos completamente, pero si alguien como Donald Trump puede ir a la bancarrota y volver, entonces cualquiera de ustedes puede arriesgar algo y ser lo suficientemente fuerte para volver de ello si fracasan. ¡Tú tienes el poder! Sólo en los riesgos, oportunidades y sueños locos pueden vivir tus aspiraciones y si estás dispuesto, esas aspiraciones y sueños tuyos pueden volverse realidad. No tengas miedo de aprovechar oportunidades, teme tener una vida que se queda en la seguridad y en la cual te preguntas "que hubiera pasado si me arriesgaba".

SILENCE

ENG

Sometimes the noise around us can seem so loud that we need to allow ourselves a moment in silence. There's nothing wrong with sitting in silence, whether at your house or in a car. Maybe you're walking or exercising. Whatever you're doing, taking silence in with natural noise is good for you. Even our eyes need to take rest. Our eyes are the only outside part of our brain! Did you know that? Not only does your brain have to take in all these noises, but it also has to see everything we see. So let your brain rest and let your ears rest and find yourself a little silence every once in a while.

Silence — It can do your body good.

SILENCIO

ESP

A veces el ruido a nuestro alrededor es tan fuerte que debemos permitirnos un momento de silencio. No hay nada malo con sentarse en silencio, ya sea en tu casa o en el auto. Tal vez estás caminando o haciendo ejercicio. Lo que sea que estás haciendo, a veces permanecer en el sonido natural del silencio te va a beneficiar. Incluso nuestros ojos necesitan descanso. ¡Nuestros ojos son la única parte visible de nuestro cerebro! ¿Lo sabías? No solo tu cerebro tiene que escuchar todos los días todos estos ruidos, sino también ver todo lo que vemos diariamente. Por lo tanto, deja que tus oídos descansen y que tu cerebro descanse, y búscate un poco de silencio de vez en cuando.

Silencio - le puede hacer bien a tu cuerpo.

ENG

At times, the path you've chosen can seem like a winding road with no end. Remember that when you chose this path, it also chose you. Things do not just come upon us, especially success. Things in our lives come to us because we are smart enough to understand it, not because we just stumble upon it. Whether it be positive or negative, what you're going through in life is something that is going to challenge you. It will enable you to open a door later on in your life that will take you to a new level of success and/or understanding of life. Live your life in positivity so that you can continue to be more successful and not fail at completing your goals. So if you've walked down a certain path and you feel that you were capable of walking down this path before but now feel weak—remember—you are chosen! This path you are walking down is for you, and if you find yourself doing what you've always wanted to do, but it just seems too hard, remember, you can do it! You would not have the opportunity to do a certain task, work or job if you were not able to complete it!
Remember – you are chosen!

REMEMBER - YOU'VE BEEN CHOSEN

ESP

A veces, caminar por la ruta que elegiste puede parecer un camino sinuoso sin final. Recuerda que cuando elegiste este camino, el camino también te eligió a ti. En la vida las cosas no caen del cielo, especialmente el éxito. Las cosas en la vida nos llegan porque somos dignos de merecerlas no solo porque nos topamos con ellas. Sea positivo o negativo, lo que sea que te pasa en la vida te va a desafiar a poder abrir una cierta puerta en tu vida más adelante que te llevará a un nuevo nivel en tu éxito o posibilidad de fracaso. Vive tu vida con positivismo para que sigas teniendo éxito y no fracases en completar tus metas. Así que si has transitado un camino que antes creías capaz de caminar pero ahora te sientes débil – recuerda – ¡Has sido elegido! Este camino es para ti y si te encuentras haciendo eso que siempre quisiste pero parece muy difícil – recuerda - ¡tú puedes hacerlo! ¡No tendrías la oportunidad de realizar una tarea, obra o trabajo sino pudieras completarlo!
Recuerda – ¡Has sido elegido!

RECUERDA: ¡HAS SIDO ELEGIDO!

SPIRITUAL BELIEFS

ENG

Being religious and all "I'm better than thou" is for buffoons. Your beliefs should never allow you to belittle people. We are only in this world for a short period of time, and we can't let people who believe they are better than us affect us. We ended up here on Earth to be connected to one another. We were meant to be in relationship. Live a life of love and you will find the deepest connection to your purpose.

ESP

CREENCIAS ESPIRITUALES

Ser religioso y toda esa actitud "Soy mejor que ustedes" es ridícula. Tus creencias nunca deberían disminuir a los demás. Solo estamos en este planeta por un tiempo breve y no podemos dejar que las personas que se creen mejor que nosotros nos afecten. Sé sabio y construye relaciones con personas y a través del amor que tienes por ellos y por este mundo en el que vivimos, te prometo que vas a encontrar la conexión a cómo llegamos a este planeta. Que tus conexiones en la vida muestren amor, y encontrarás una conexión más profunda a tu propósito.

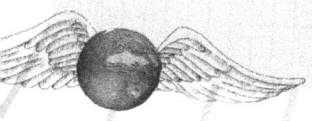

YOUR BEST FRIEND'S LOVER!

Don't fall in love for your best friend's lover. Your best friend's lover is completely off limits, don't even try. This happened to me and I must say it was one of the worst things ever. I learned a valuable lesson, though. You will fall flat on your face if you want or covet what is not yours! I felt so dumb and idiotic for falling for my best friend's girlfriend. After the whole situation came to light, I lost my best friend and I wouldn't wish that on anyone. So take heed before going into that forbidden territory. Maybe you're willing to lose your best friend for a lover and if so, then go for it and do what you got to do for love. I am just letting you know that I believe it is not going to end well for anybody. You're going to hurt your best friend. You're also dealing with a person who is willing to cheat on their lover to have some type of secret relationship with you. At the end of the day you could lose both, friend and lover. So why not just avoid the whole situation and go find someone else and leave your best friend's lover alone. Just letting you know what happened to me. I was young and dumb, and you've now been warned!

ENG

¡EL AMOR DE TU MEJOR AMIGO!

No te enamores del novio/a de tu mejor amiga/o. Tratar de que te guste o incluso intentar sutilmente un amorío secreto con el novio/a de tu mejor amiga/o está fuera de los límites. Me ha pasado a mí y debo decir que es una de las peores cosas que pudieron haber pasado en mi vida. Aprendí la valiosa lección de que al desear o codiciar lo que no es tuyo, ¡te darás la cabeza contra el piso! Me sentí un idiota por enamorarme de la novia de mi mejor amigo. Cuando toda la situación salió a la luz, perdí a mi mejor amigo, ¡Y no le desearía eso a nadie! Así que estate alerta antes de entrar en ese terreno peligroso. Quizás estás dispuesto a perder a tu mejor amigo por un amor, y si es así, haz lo que tienes que hacer en pos del amor. Yo solo quiero hacerte entender que yo creo que no resultará bien para ninguno de los involucrados. Vas a lastimar a tu mejor amigo, además de que estarás lidiando con una persona que está dispuesta a engañar a su pareja para tener algún tipo de relación secreta contigo, y al final del día podrías perder a ambos, así que por qué no mejor evitar toda la situación e ir a buscar otra persona que esté libre y dejar a la pareja de tu mejor amigo en paz. Sólo te digo lo que me pasó a mí. Yo era joven y tonto, ¡ahora estás advertido/a!

ESP

SEEING SAD PEOPLE IN A POSITIVE LIGHT

ENG

I was at the airport today and I was going through the security gate when I encountered a very rough, tough, and angry guy behind me. I accidentally grabbed his laptop thinking it was mine and he said, "No you don't." In that second I realized mine was actually going through the conveyor belt and I had made a mistake, but I just smiled and laughed at the guy's seriousness. I closed my eyes for a second and imagined the angry guy in a happy moment. I pretended he was jumping for joy. Now, I don't take away the guy's right to be mad, because he could've been mad for any reason and we all have our moments. But what I take from this is if you ever encounter an angry person, don't try to change them or fight back. You shouldn't try to create a scene or battle an angry person. Just do what you got to do to move on and close your eyes and see that person doing something funny or positively entertaining. Then you don't have to keep that image of an angry person in your head. In doing this you will see that more and more people will seem happier no matter how angry, frustrated, grumpy, or agitated they are! This may seem a little undoable for you, but trust me, once you've seen angry people at an airport, this exercise will come in handy.

VER A LA GENTE NEGATIVA DESDE UNA LUZ POSITIVA

ESP

Hoy estaba en el aeropuerto y estaba pasando por una puerta de seguridad cuando me encontré con un hombre muy rudo, duro y enojado detrás de mí. Sin querer agarré su computadora personal pensando que era la mía y cuando fui a agarrarla él dijo "No, no lo harás". En ese instante me di cuenta que la mía estaba yéndose por la cinta transportadora y me di cuenta que me había equivocado, pero sonreí y me reí un poco de la seriedad de ese hombre. Cerré mis ojos por un segundo y me imaginé al hombre enojado en una situación feliz simplemente saltando por cualquiera que fuera la razón sólo para tratar de ver a este tipo desde una luz positiva. Todos sus compañeros estaban animados y contentos pero el parecía serio y desanimado. Yo no quito que tenga derecho a estar enojado porque podría estar enojado por cualquier motivo y todos tenemos nuestros momentos, pero lo que rescato de aquí, es que si te cruzas con una persona enojada, no trates de cambiarlos o pelear con ellos. No deberías hacer un escándalo o pelearte con una persona enojada. Sólo haz lo que tienes que hacer y sigue adelante y mira a esa persona haciendo algo divertido o entretenido para que no tengas que quedarte con esa imagen de la persona furiosa en tu mente. Al hacer esto, ¡verás a las personas más contentas no importa cuán furiosas, frustradas, gruñonas o irritadas estén! Puede parecer inalcanzable para ti, pero créeme, una vez que hayas visto gente enojada en un aeropuerto este ejercicio te servirá.

PAPER CHASER VS. IDEA CREATOR

ENG

Do not just be a paper chaser, but instead, chase after the creation of ideas and inventions. Money and metals are just ways to show value, but they themselves are not value. An idea has true value. Remember to keep your ambitions pure and to not let yourself be misguided by the world that only chases paper money.

Surround yourself with people, groups, and institutions that chase after new ideas and create new things. Remember, there would never be any paper money if someone didn't think up the idea to make it.

BUSCADOR DE DINERO VS. CREADOR DE IDEAS

ESP

No persigas el dinero, sino mejor persigue creación de ideas y de inventos. El dinero y el metal son solo una manera de expresar valor para la moneda, pero no se puede medir el valor de las ideas.

Recuerda de mantener tus ambiciones puras y no dejarte llevar por las obras de este mundo, que sólo persiguen los billetes. Rodéate de personas, grupos e instituciones que buscan nuevas ideas y la creación de inventos.

Recuerda que no habría ningún dinero de papel si nadie hubiera creado la idea de hacerlo y los inventos para crearlo.

EXPECTATIVAS

It's nice to set expectations for yourself and meet them after working towards them day by day. If you feel pressured by someone else's expectations, then you should start to set yourself apart from them.

If it's someone like your parents pressuring you, try to see the deeper reason behind it before you blow up.

Maybe there's something your parents really wanted for themselves, but they couldn't do it because they were raising you. If you have pressures from a boyfriend or girlfriend, make sure the intentions are pure and the reason isn't selfish. The list of people who have expectations for you —teachers, family, friends, the world— could go on and on. But you need to set your own expectations.

Think them out for yourself. The expectations you set for yourself should be true to you and only you. You FIRST! There is a reason why on an airplane, they say if there is an emergency, you should put your oxygen mask on first before helping someone else. The reason

behind this is that if you are not together, healthy (mentally and physically), and of sound mind, you will not be able to assist the people around you. The same is true in your life. If you are not OK with yourself and you're always trying to make other people happy, in the end, you will not be able to effectively reach your potential and you will suffocate.

EXPECTATIONS

Es lindo tener expectativas para ti mismo y alcanzarlas mientras trabajas día a día hacia tus metas. Si te sientes presionado por las expectativas de alguien más, entonces tienes que empezar a alejarte de ellos.

Si es alguien como tus padres que te presionan, trata de comprender la razón a fondo antes de estallar delante de ellos. Tal vez hay algo que tus padres querían para sí mismos, pero no pudieron alcanzarlo porque tuvieron que criarte. Si tienes presión de un novio o novia, asegúrate que las intenciones son puras y que las motivaciones detrás no son egoístas. Esta lista de expectativas de la gente, jefes, padres, maestros, abuelos y que básicamente el mundo puso sobre nosotros, podría continuar, pero tú necesitas crear tus propias expectativas y seguirlas. Piénsalas por ti mismo. Las expectativas que te pones a ti mismo deben ser honestas contigo mismo y sólo contigo. ¡Tú estás PRIMERO! Hay una razón por la cual en un avión dicen que si hay una emergencia, deberías poner tu máscara de oxígeno primero antes de ayudar a otra persona. Diría que la razón de esto es que si tú no estás entero y sano (mental y físicamente) no podrás asistir a las personas alrededor tuyo. Lo mismo sucede en tu vida. Si no estás bien contigo mismo y siempre estás queriendo hacer felices a otros, al final, no vas a poder alcanzar el máximo de tu potencial y te sofocarás.

WE ARE CONNECTED

ENG

There is something in this world that connects us all. The quicker we realize that, the quicker we will learn to work together and put each other before ourselves. Our connection runs deep through time and space. We may never realize how great and vast our world is, but when you realize that you are connected to the person next to you in such a way that no one else can have the same connection you can have with them, you will realize that making friendships and connecting with people is special. The relationship you have with a person, whether deep or not, is unique. Do not underestimate building relationships with people. One of the reasons we are on this earth is to connect and build relationships with others.

ESTAMOS CONECTADOS

ESP

Hay algo en este mundo que nos conecta a todos. Cuanto más rápido nos damos cuenta que estamos todos conectados de alguna forma extraordinaria, más rápido aprenderemos a trabajar juntos y a poner a otros antes que a nosotros mismos. Nuestra conexión se profundiza a través del tiempo y el espacio. Puede que nunca nos demos cuenta cuán vasto es nuestro mundo cuando te das cuenta que estás conectado a la persona al lado tuyo de una manera que nadie más lo está, te darás cuenta que hacer amistades y conectar con personas es especial. La relación que tienes con las personas, profunda o no, es única. No subestimes el construir relaciones con personas. Estamos en este mundo por una razón y una de esas razones es conectar con otros.

QUITTING

ENG

*W*hat's worse than starting something difficult?
It's not finishing it because of laziness.
Being lazy is no excuse.
When you start something, you need to finish it.
Quitters gain nothing, but those who persevere amid trials and tribulations will see their efforts rewarded.
Hard work will always pay off, but easy work will never get paid.

RENUNCIAR

ESP

¿*Q*ué es peor que empezar algo difícil? Es no terminarlo por vagancia.
Ser vago no es excusa para dejar incompleto.
Cuando empiezas algo, tienes que terminarlo.
Los que se dan por vencidos no ganan nada pero aquellos que perseveran a través de las pruebas y obstáculos verán sus esfuerzos recompensados.
El trabajo duro siempre paga, pero el trabajo fácil nunca da ganancia.

Your tongue can be used as a weapon, and also as a shield.
As a weapon it can help you fight against people who come against you. It can help you prove a point and fight a cause. But your mouth can also defend. It can defend you from people who smear your name or want to accuse you of lies. Whatever you use your tongue for, make sure the words that come out of your mouth are a blessing.
If you choose to curse people, you must know that those curses will come back to latch themselves on to you. They may not find you within a couple of days, or in a way you'd expect, but you will feel those curses. You gave them birth by wishing them on someone else. Avoid cursing other people's lives and just work on ignoring the people you dislike. Don't let them linger in your mind.

WHAT YOU SAY WILL COME BACK TO YOU

ENG

Tu lengua puede ser un arma y también un escudo.
Como arma te puede defender cuando alguien viene contra ti. Puede ayudarte a demostrar un punto y defender una causa, pero tu boca también puede defender. Puede defenderte de gente que quiere calumniar tu nombre o acusarte de mentiroso. Para lo que sea que uses tu lengua, asegúrate que las palabras que salen de ella son de bendición.
Si elijes maldecir a las personas, esas maldiciones volverán en tu contra. Puede que no te encuentren en un par de días como tú supones, pero las sentirás en tu vida porque las creaste el día que se las deseaste a alguien más. Evita maldecir la vida de otros y solo esfuérzate en ignorar a la gente que te desagrada o intentar evitar que la gente con la que tienes problemas se queden en tu mente.

LO QUE DICES TE VOLVERÁ

ESP

WHAT IS FAMILY TO YOU?

ENG

Family is not just about being born into a couple's lineage. Family is a state of mind where you believe that your connection with people is stronger than the one you would have with someone you met for the first time.

Sometimes you may not get along with the people you consider family, but you must respect them and treat them with dignity, even if it takes a lot out of you to do so.

Family is something you have to work at and it won't be kept together without enduring a few fights here and there. Keep love and respect as a priority and all other problems can be resolved.

ESP

¿QUÉ ES LA FAMILIA PARA TI?

La familia no se trata sólo de haber nacido en el linaje de una pareja. La familia es un estado mental donde tú crees que la relación que tienes con un grupo de personas o un individuo es más fuerte que la que tienes con alguien que te encuentras por primera vez.

Puede que a veces no te lleves bien con las personas de tu familia, pero debes respetarlos y tratarlos con dignidad, aún si te cuesta mucho.

La familia es algo en lo que tienes que trabajar duro y no se mantendrá unida si no soporta algún altercado aquí o allá. Si mantienes el amor y el respeto como la prioridad número uno, podrás resolver todos los demás problemas.

Mantén el amor y el respeto como los puntos centrales de la familia.

TARDINESS

*Y*es, it's something you hear about in school or you hear your boss say now and then—Don't be late! But there is a reason!

Being late can contribute to you missing a moment in time. You must value each and every moment given to you in this life. There are so many people who are continuously late to small engagements and get-togethers. Those people sometimes miss really good moments they could have been a part of. The motto is, "the fish never gets the bait when the fisherman shows up late." You have to see yourself like that fisherman. The fisherman is not only going out to have fun with his hobby, he is also a key role in the natural food chain. The fisherman helps keep people alive by feeding them the fish he catches!

If you are continuously late to things and you make that a habit, you'll never be like the fisherman, able to enjoy himself while feeding others. Be careful about being tardy and treasure each moment given to you on this earth.

ENG

LLEGAR TARDE

*S*í, es algo de lo que oyes en la escuela o a tu jefe de vez en cuando diciendo "no llegues tarde", ¡Pero tienen razón! Llegar tarde puede contribuir a que te pierdas momentos en los que planeabas llegar temprano también. Debes valorar cada minuto que te fue dado en esta vida. Hay tanta gente que siempre llegan tarde a pequeños acontecimientos o a reunirse y esa gente a veces se pierde verdaderamente buenos momentos de los que podrían haber participado. El refrán dice "el pez nunca agarra el anzuelo si el pescador llega tarde". Tienes que verte a ti mismo como ese pescador. El pescador no solo sale para divertirse con su pasatiempo pero también es un rol principal en la cadena alimenticia natural. ¡El pescador ayuda a mantener viva a la gente alimentándolos del pez que agarra! Si siempre llegas tarde a todos lados y lo haces un hábito, en tu vida nunca serás como un pescador, capaz de entretenerse mientras alimenta a otros. Ten cuidado de no llegar tarde y atesora cada momento que te es dado en la Tierra.

ESP

LIFE IS NOT WHAT YOU MAY EVER EXPECT

ENG

Sometimes you think you may be able to predict how life will be, but the reality is that life will never be how you expect it to be. As you get older and the people around you change, you'll find that life will spiral into a web of experiences that you could never have imagined even if you tried.
So with that said, don't take life so seriously that you get wrapped up in that web and miss out on enjoying the short life we have. Live responsibly and respectfully, knowing that life is a gift that many take for granted. Enjoy the life you've been given. Enjoy yourself because you are a beautiful creature. There is no one in the world quite like you, and that's a special thing, wouldn't you agree?

A veces piensas que serás capaz de predecir cómo será tu vida pero la realidad de todo es que la vida nunca será lo que tú esperas. A medida que vas creciendo y la gente a tu alrededor cambia, te encontrarás con que la vida gira en una red de experiencias que nunca te hubieras imaginado aún si hubieras intentado. Habiendo dicho eso, no te tomes la vida tan en serio que quedes atrapado en esa red y te pierdes de disfrutar esta corta vida que tenemos. Vive con responsabilidad y con respeto, sabiendo que la vida es un regalo que muchos dan por sentado.
Disfruta la vida que se te ha dado. Disfruta porque eres una hermosa criatura. No hay nadie en el mundo como tú, y eso es algo especial, ¿no te parece?

ESP

LA VIDA NUNCA SE DA COMO TU ESPERAS

BE ORGANIZED

Make a to-do list. I have multiple to-do lists— consolidate them! It may make it easier to put certain topics or similar tasks on separate lists, but never put the same thing on more than one list because that will stress you out more. Sometimes this is the last thing we want to do, but making a to-do list of tasks works in getting them done. Give it a try and begin writing down a couple things you have to do soon, or maybe in the next couple of weeks.
An organized life is a better life.

SE ORGANIZADO

Haz una lista de quehaceres. Yo tengo muchas listas de quehaceres - ¡Hazlos realidad! Si te resulta más fácil, organiza las áreas según tipo pero nunca pongas la misma cosa en varias listas porque eso te estresará más. A veces esto es lo último que queremos hacer, pero crear una lista de cosas que hacer ayuda a realizarlas. Dale una oportunidad y empieza a escribir algunas cosas que tienes que hacer pronto o quizás en las próximas semanas.
Una vida organizada es una mejor vida.

FORGIVENESS. FREEDOM. FUTURE — ENG

I heard someone speak today about their life and trials they had gone through. They mentioned that in trying to get over things that were done to them they had to learn to forgive. Not just say it, but actually, truly forgive. Not just say you forgive, but truly forgive. I think for some of us, forgiving is definitely a lot easier said than done.

I've realized that in forgiveness you can find freedom. Freedom doesn't mean you'll forget, but it does mean you can start to have a future without thinking about the situation you went through and letting it eat you alive.

You may never forget these people who have hurt you or the things you have gone through, but you can forgive so that you can gain freedom to live a better future.

ESP — PERDÓN. LIBERTAD. FUTURO

*H*oy escuché a alguien hablar de su vida y las pruebas que tuvo que atravesar. Decía que para poder superar las cosas que otras personas le hicieron en la vida tuvo que aprender a perdonar. No sólo decir que perdonas, sino realmente perdonar con sinceridad. Creo que para algunos de nosotros, es más fácil decirlo que hacerlo.

Me he dado cuenta que al perdonar encuentras libertad. Tener libertad no significa que te olvidarás, pero sí significa que empezarás a tener un futuro sin recordar lo que has sufrido y dejar que te devore.

Quizás nunca te olvides de la gente que te lastimó o las cosas que te han sucedido pero puedes perdonar para poder tener libertad para vivir un mejor futuro para ti y aquellos que amas.

EVERYONE PLAYS A WEIRD ROLE IN THIS WEIRD PLACE WE CALL LIFE

Every action you take is like moving a pawn during a board game. Every choice you make counts, and don't ever under estimate that fact. Don't think just because you met someone today and it was a petty conversation that you may never encounter him or her later on. This person could be someone you find on the road when you have a flat tire, that interviews you at a future job, or saves you from a zombie apocalypse! Take every person you meet as a person you may see again, and with these little experiences you'll be further along in this game called life.

TODOS JUEGAN UN EXTRAÑO PAPEL EN ESTE EXTRAÑO LUGAR QUE LLAMAMOS VIDA

Piensa cada acción que realices como si fuera un peón que se mueve en un tablero. Cada decisión que tomamos cuenta y nunca subestimes ese hecho. No pienses que solo porque te encontraste con alguien hoy y fue una conversación sin importancia, nunca lo/ la volverás a ver en la vida. Esta persona puede ser alguien que te podrías encontrar en el camino cuando tengas una llanta pinchada, o en un trabajo, o ¡quizás te rescate de un zombi apocalíptico! Toma a cada persona que te encuentras en la vida como alguien que volverás a ver y con estas pequeñas experiencias estarás más allá en este juego de la vida.

GOOD DAYS

ENG

When your day is going well, use the positive energy to your advantage. These days when life is feeling good are days to think about your goals. Take advantage of your good moods to catch up with the people you care about. Today as I write this I decided to spend some time practicing piano and see how creative I can get with some new songs because I'm in a awkwardly good mood. Don't let your good days go to waste.

DÍAS BUENOS

ESP

Cuando tu día va bien, usa la energía positiva para tu beneficio. En estos días, cuando la vida va bien, es momento de pensar en tus metas. Aprovecha tus días de buen humor para pasar el tiempo con las personas que te importan. Hoy mientras escribo esto, decidí pasar algo de tiempo practicando piano y ver qué tan creativo puedo llegar a ser con algunas canciones nuevas. Estoy en un inusual buen humor. No desperdicies los días buenos.

DARK DAYS

ENG

There are days when you'll wake up and hate the sun for shining, and the grass for being green. Well maybe not. But nonetheless, you need to continuously tell yourself that you can make it through any dark days you're facing.

No matter what today brings, tell yourself you can make it—that you are the best thing to have stepped on this earth—that you have the power to make it through the day.

Don't question your life or think you're a waste of time. Dark days can mold you to appreciate the good days, and you will have good days as long as you learn to get through the dark days with valor.

DÍAS OSCUROS

ESP

Habrá días que te despertarás y odiarás al sol por brillar...y al pasto por ser verde...Bueno, quizás no, sin embargo, tienes que recordarte a ti mismo que puedes superar cualquier día malo que pueda venir.

No importa lo que suceda hoy, dite a ti mismo que podrás superarlo – que eres lo mejor que pisó esta tierra – y que tienes el poder para terminar este día.

No cuestiones tu vida o pienses que eres una pérdida de tiempo. Los días malos pueden moldearte para apreciar los buenos días y tú tendrás buenos días siempre y cuando aprendas a superar los días malos con valor. No dejes que los malos días arruinen tu oportunidad de disfrutar los buenos días.

INFLUENCES

ENG

What is influencing you?
Sometimes we let negative people and their agendas influence us in such a way that we begin to become negative ourselves. We are born into an imperfect world, but it is our decision, once we come into a state of maturity, to choose to be influenced by someone else, or be the one who influences.

If you feel that you're a leader, choose to give life your ALL. Choose to remain positive and do everything in your life with excellence.

Excellence means you give it your all, you are organized, you prepare, and think before you act. Keep wise and motivational people around you so that you don't get dragged into lackluster situations.

Maybe you're not so much of a front-of-the-line type of person. If this is the case, then watch who you let stay around you. Don't associate with whoever shows up. You need to be wary of the family your associations have as well. Watch the hobbies you take part in, and the habits you form. These 'life factors' characterize us and how our life will turn out.

'Life factors' change from negative to positive with your decisions. If you want your life to turn out in a positive manner, then choose to make choices that garner positive 'life factors.'

INFLUENCIAS

ESP

¿Qué te está influenciando? A veces dejamos que la gente negativa y su agenda nos influencie de tal manera que nosotros empezamos a ser negativos en nuestra propia vida. Nacemos en un mundo imperfecto, pero es nuestra decisión una vez que llegamos a un estado de madurez el elegir si queremos influenciar o ser influenciados.

Si tú sientes que eres un líder, debes darle a la vida TODA tu energía. Elige mantenerte positivo y hacer todo con excelencia.

Excelencia significa que das tu todo, que eres organizado, que te preparas y piensas antes de actuar. Rodéate de gente sabia y motivadora para que no te arrastren a un reino de situaciones grises.

Quizás no eres de esas personas que se ponen al frente de batalla. Si ese es el caso, cuida de quienes dejas que te rodeen. No te asocies con cualquiera que aparezca. Tienes que estar al tanto de la clase de familias que tienen estas personas también. Observa los pasatiempos que compartes con ellos y los hábitos que construyes. Estos "factores" nos caracterizan y determinan la clase de vida que tenemos.

Estos "factores de vida" cambian de negativos a positivos con tus decisiones.
Si quieres que tu vida resulte de manera positiva, entonces elije tomar decisiones que cosechen factores de vida positivos.

PEACE AND PERSEVERANCE

ENG

Although we may get worn out from the situations that surround us, do not fret, because in your perseverance you will find peace.
Sometimes your list of 'things-to-do' is longer than the time you have to do them. When this happens do not worry, because in your worrying you will fail.
To prevent failure, stay strong willed in your mind and tell yourself regularly that you can and will do what you need and want to do.
Always try your best and never beat yourself up over what reality may bring. In your trials you need to find small tokens of life lessons that will help make you stronger. These 'tokens', which in reality are life lessons you learn and never forget, will benefit you because if you ever go through the same situation or similar thing again, you will know how to react.
There is no benefit in beating yourself up, not for you or anyone else. Persevere in life and peace will come to you.

PAZ Y PERSEVERANCIA

ESP

Aunque las situaciones de la vida puedan desgastarnos, no te impacientes, porque en la perseverancia encontraremos paz.
A veces la lista de "cosas que hacer" supera el tiempo que tienes para completarla. Cuando esto pase no te preocupes, porque la preocupación te hará fallar.
Para evitar el fracaso, mantén una voluntad fuerte y reitérate a ti mismo que tú puedes y harás aquello que tienes y quieres hacer.
Siempre da tu máximo y no te castigues porque lo que la realidad te demuestre. En la vida necesitas encontrar pequeñas "lecciones de vida" que te harán más fuerte para manejar los desafíos de la vida. Estas pequeñas lecciones de vida tú aprendes y nunca olvidas, y te beneficiarán porque si alguna vez vuelves a pasar por la misma situación, sabrás cómo reaccionar.
No consigues nada con castigarte – ni para el mundo- ni para ti. Persevera en la vida y la paz vendrá a ti.

Sometimes our minds force us to remain in the same sorrowful situations that haunted our childhood, teenage years, or older years, and we must stop it.
When you feel those thoughts begin to surface, stop what you are doing, take a deep breathe and say, "I am not what I've done or who I was or what has been done to me...I can change my future...I can be who I want to be and do what I want to do." Repeat this to yourself over and over again. We must train our minds to remember and reminisce on positive things rather than focus on negative.
Don't give your mind boundaries to stay within, but break all walls down so your mind can imagine and dream farther than you ever expected!
Today, ask yourself what you are holding onto. Can you let go or will you let it consume you?

ENG

A veces nuestras mentes nos obligan a mantenernos en las mismas situaciones tristes que nos acosaron en la infancia, adolescencia o adultez y debemos frenarla.
Cuando sientas que esos pensamientos empiezan a manifestarse, detén lo que estás haciendo, inspira profundamente y repítete a ti mismo "Yo no soy lo que he hecho, o con quién estuve o lo que me han hecho...Yo puedo cambiar mi futuro...Yo puedo ser quien quiero ser y hacer lo que quiero hacer". Reitératelo una y otra vez. Debemos entrenar nuestras mentes a recordar lo positivo en vez de enfocarse en lo negativo.
No le pongas límites a tu mente para encerrarla, ¡sino que derriba las paredes para poder imaginar y soñar más allá de lo que esperabas!
Hoy, pregúntate a qué te estás aferrando. ¿Puedes dejarlo ir, o permitirás que te consuma?

ESP

*T*rain yourself to not dwell on imperfections by keeping your mind on what you're good at and what you enjoy doing.
If you continuously focus on the things you cannot do and are not good at, then you will see that the things happening in your life are things you don't like to do and you are not good at. What you focus on will come to you. Concentrate on things that you know you can do and that you enjoy doing so that those things will find a way to you.

TRAIN YOUR SELF

ENTRÉNATE

ESP

*E*ntrénate a no mirar las imperfecciones enfocándote en lo que sabes hacer y lo que disfrutas.
Si siempre te enfocas en lo que no te gusta y no sabes hacer, verás que las cosas que te suceden en la vida son cosas que no te gusta hacer y que no sabes hacer. Aquello en lo que te enfocas, vendrá a ti. Concéntrate en cosas que sabes que puedes hacer y que te gusta hacer y esas cosas encontrarán un camino hacia ti para que puedas edificar sobre ellas y hacer tu vida más provechosa.

COMING AND GOING

ENG

There will be people in your life who come and go, but make it a point to impact them in a positive way while they are there. Be real. No matter if it's to a teacher, a friend or family member—be you/be real. Always remain humble, show love. Even show kindness to those people who try to come against you.

In our comings and goings we will find people who like us, and people who don't. But if you are yourself and you positively impact every person you meet, when you see them again they will be forced to remember who you are. First impressions are very important for us as human beings, because every interaction we make with another human being is unique. There will never be another first impression with someone. That is why they are called FIRST impressions, you cannot have another first!

Make your first impressions count.

IDAS Y VENIDAS

ESP

Habrá gente en tu vida que estará solo de paso, pero hazte el objetivo de que mientras estén en tu vida, los impactarás de manera positiva. Sé auténtico. No importa si es un maestro, un amigo o un familiar – Sé tú mismo/ Sé auténtico.

Mantente siempre humilde, muestra amor y aún amabilidad a los que están en contra tuya.

En nuestras idas y venidas encontraremos gente a la que le agradamos y gente a la que no, pero si eres tú mismo e impactas positivamente a todas las personas con las que te cruzas, buenas o malas, cuando te vuelvan a ver, se verán obligados a recordar quién eres. Las primeras impresiones son muy importantes para nosotros los seres humanos, porque cada interacción que hacemos con otro ser humano es única. Nunca habrá otra primera impresión con nadie, por eso se llaman PRIMERAS impresiones, ¡no puedes tener dos primeras!

Haz que las primeras impresiones cuenten en tus idas y venidas.

RELAXATION

ENG

Every person needs a time to relax. It is essential for success. You must take a break every once in a while, whether it be during the day between tasks or a couple of weeks out of the work year. Make the most of your relaxation time. It is inevitable that you'll think about work on your time off, but make sure you take time to just relax. We are not robots and our bodies need to be given respect and relaxation!

How do you relax, and how will you improve your relaxation this day, week, year?

RELAJACIÓN

ESP

Todas las personas necesitan un tiempo para relajarse. Es esencial para el éxito que te tomes un descanso de vez en cuando ya sea de día entre múltiples tareas, o un par de semanas fuera del año laboral.

Disfruta al máximo tu tiempo de relajación. ¡Haz tu máximo esfuerzo por hacerte un momento de relajación y nada de negocios! Es inevitable que pienses en el trabajo en tu tiempo libre, pero asegúrate que tengas tiempo para sólo relajarte. ¡No somos robots, y nuestros cuerpos necesitan respeto y relajación! ¿Cómo te vas a relajar y mejorar tu tiempo de relajación en este día, semana, año?

We are surrounded by many influences, whether it be celebrities, friends, family or people in power. Our lives are smothered with media and advertisements that say how we should live or who we should look to for direction. Make sure you look to the right people for direction and guidance. There is no good to be found in looking at people whose direction will only lead out of your will. You have a will and a purpose that needs to be fulfilled, and you will know inside your heart what people you should let influence your life and what people will only detour you from your purpose. Be intelligent about who you look up to and don't allow yourself to be distracted from the great things that you are capable of doing.

Estamos rodeados de muchas influencias, ya sean celebridades, amigos, familia, o personas poderosas. Nuestras vidas están asfixiadas con publicidades y mensajes masivos que nos quieren decir cómo vivir, y a quién pedirle orientación. Asegúrate que buscas a las personas correctas para pedir guía y dirección. Nada bueno saldrá de seguir a personas que nos hacen alejarnos de nuestra voluntad. Tú tienes una voluntad y un propósito que debe ser cumplido y sabrás dentro de tu corazón qué personas debes dejar que influencien tu vida y qué personas sólo te desviarán de tu propósito. Sé inteligente en cuanto a quién admiras y no te permitas ser distraído de las grandes cosas que puedes hacer.

SOMETIMES WE HAVE TO MOVE

ENG

For my music career I moved to Los Angeles and I've had friends who have moved to follow their dreams. Not everyone needs to move to follow their dreams, but some of us need to move. The atmosphere changes when we arrive in a foreign place. When I arrived in Los Angeles, something changed for me! I had a new work ethic in Los Angeles that I didn't have before, and that helped me get focused and network better. I was able to take the lessons I learned there and take them with me everywhere I went, whether in Miami, Texas or Puerto Rico. Some people may be able to do a Youtube video or send an email and get far in life, but I had to move. Not every move we make in life has to be that drastic, but maybe there are small moves you need to make in your school, family life or social groups. Think about it and ask yourself, is there a move I need to make to get to the next level? Sometimes we have to MOVE, and it may be scary, but making that first step is all you need to go all in and never look back!

A VECES DEBEMOS MOVERNOS

ESP

Para mi carrera en la música, tuve que mudarme a Los Ángeles y también tengo amigos que se han mudado para cumplir sus sueños ya sea por negocios o placer. No todos deben mudarse para cumplir sus sueños pero algunos de nosotros sí debemos hacerlo, porque la atmósfera cambia cuando llegamos a un lugar diferente. ¡Cuando yo llegué a Los Ángeles, algo cambió para mi! Tenía una nueva ética laboral en Los Ángeles que no tenía antes y que me ayudó a enfocarme mejor y conectar mejor. Pude tomar las lecciones que aprendí allí y llevarlas conmigo a todas partes que iba, ya sea en Miami, Texas o Puerto Rico. Algunas personas pueden armar un video en youtube o mandar un correo electrónico y llegar lejos en la vida, pero yo tuve que mudarme. No cada mudanza que hacemos en la vida tiene que ser tan drástica, pero quizás haya pequeñas mudanzas que tengas que hacer en tu escuela, vida familiar o grupos sociales. Piénsalo y pregúntate a ti mismo: ¿Tendré que mudarme para poder alcanzar el siguiente nivel que quiero alcanzar en la vida? A veces tenemos que MOVERNOS, y puede que asuste, ¡pero dar ese primer paso es todo lo que necesitas para avanzar con todo y nunca mirar atrás!

When you work, work and work you reach a point that you want to say STOP. You want to say STOP to everything because you've reached the boiling point! You want to say stop to your teachers, your family, your job, your needy friends and more. We all have moments like this and the key is to tell yourself you can't stop. For whatever reason, you're feeling like this, and maybe you're overwhelmed, but if you get over this one hump you'll be OK. Tell yourself you can't stop. Push on and don't stop. You may need to cut some phone lines and not respond to some people who keep haggling you, but you've got to do what you got to do because you can't stop now.

ENG

Cuando trabajas, trabajas y trabajas llega el punto en el que necesitas decir BASTA. ¡Quieres decirle BASTA a todo porque haz alcanzado el punto de ebullición! Quieres decirle basta a tus maestros, familia, trabajo, amigos necesitados y más. Todos tuvimos momentos así y la clave es decirte a ti mismo que no puedes detenerte. Por alguna razón te estás sintiendo así, y quizás estás saturado, pero si logras dar este último empujón, estarás bien. Recuérdate a ti mismo que no puedes parar –insiste– y no te detengas. Quizás necesites cortar algunas líneas telefónicas y no responderle a algunas personas que siguen regateándote, pero tendrás que hacer lo que sea necesario, porque no puedes detenerte ahora.

I'M ILL

Life gives different opportunities to different individuals. Some babies are born with health defects that cripple their lives, and some babies are born with no defects. People who have always been healthy don't realize how blessed they are to be healthy. I spoke with a mother whose son has cystic fibrosis (CF) and she told me everyday that her two-year-old sits and gets six hours of breathing treatments. I have never had to do something like that, let alone have a child go through it. CF attacks mainly the lungs and liver by creating infections and other lethal side effects. If you research this disease online, you'll find more information about it. People with illnesses should not be judged or looked at in a negative way, but we must appreciate the life that we have and help every person we meet ENJOY LIFE, sick or not. If you are healthy, remember to appreciate it! Any of us could have been born with a life-altering disease, and we all know as mature people that life would be more difficult if we had a disease. I want to pressure you to be strong and to love everyone.
Appreciate this life we live and show that appreciation to everyone you meet. Keep my friend's child in prayer because the mother and father are the ones who truly suffer in the pain they feel for their son.

ESTOY ENFERMO

La vida le da oportunidades diferentes a individuos diferentes. Algunos bebés nacen con defectos de salud que capacitan sus vidas y otros nacen sin defectos, y aun así a medida que crecen, no se dan cuenta cuán bendecidos están de ser sanos. Hablé con una madre cuyo hijo tiene Fibrósis Quística (FQ) y me contaba que todos los días, su niño de 2 años se sienta y hace un tratamiento de respiración de 6 horas. Yo nunca tuve que hacer nada como eso, ni he tenido un hijo con algo como FQ. La FQ ataca principalmente a los pulmones y el hígado creando infecciones y otros efectos colaterales letales. Si buscas información en Internet sobre esta enfermedad, encontrarás más detalle. Las enfermedades no deberían ser vistas negativamente sino que lo que deberíamos hacer es apreciar la vida que tenemos y ayudar a cada persona que encontramos a DISFRUTAR LA VIDA, estén enfermos o no. Si estás sano, ¡recuerda apreciarlo! Cualquiera de nosotros pudo haber nacido con una enfermedad que alterara nuestra vida y que de adultos la vida sería mucho más difícil si estuviéramos enfermos. Te quiero presionar a ser fuerte y amar a todos. Aprecia esta vida que vivimos y muéstrale apreciación a cada persona que encuentras. Ora por el hijo de mi amiga porque los que realmente viven el dolor de su hijo son sus padres.

DON'T RUSH TOO MUCH

ENG

When we are young we have this tendency to want to be older. Where does this tendency come from? Well, the same tendency rises up in older people, but their desire is to be younger again.
If there is one thing we should take from this it is if we try to rush in our youth, we will have lost the time that we could've spent joyfully before we get older.
We learn that trying to rush ourselves into a new time era is not worth it! Slow down and stop rushing. Enjoy your time in your youth, and don't try to grow up quickly. Some of our friends won't even get a chance to become adults because they may not make it that far in life, so why rush time spent with friends and loved ones? Take your time and do things with care.

ESP

Cuando somos niños tenemos esta tendencia a querer ser adultos. ¿De dónde viene esa tendencia? Bien, la misma tendencia aparece en la gente mayor pero su deseo es ser más jóvenes otra vez. Si algo debemos aprender de este fenómeno que sucede dentro de nosotros, es que intentamos apresurar nuestra juventud y perdemos el tiempo que podríamos haber aprovechado disfrutando la alegría. Aprendemos que tratar de apresurarnos hacia una nueva etapa ¡No vale la pena! Ve más despacio y deja de apresurarte. Disfruta tu tiempo en la juventud y no quieras apresurarte a crecer. Algunos de nuestros amigos quizás no llegarán a adultos porque la vida terminará antes para ellos, entonces, ¿por qué nos apresuramos en vez de pasar el tiempo con nuestros seres queridos? Tómate tiempo y haz las cosas con cuidado.

NO TE APRESURES DEMASIADO

BROTHERLY LOVE

ENG

For a period of my life I lived in Philadelphia, the city of brotherly love, they say. Living in a city will really open your eyes to brotherly love because you'll honestly see the lack of it. You walk by hundreds of people and you realize that no one knows each other, and no one really cares to talk to each other. I loved Philadelphia, but it was a humbling experience as a 16-year-old.

Don't underestimate the pain of your 'brothers and sisters'. We are not all related on Earth, but that doesn't mean we shouldn't all look out for each other. If you decide to really be not caring for others then so be it, but there's a reason why they have the Boys and Girls Club, Big Brother program, and more. There is a NEED for people to get more love. You may be someone who needs love right now, and maybe you don't get it from anywhere. Just know that there are people like myself who truly want you to not give up on life and succeed. We are all brothers and sisters, even though some people would like to deny it.

Help each other out and make the world a better place (bro).

AMOR FRATERNAL

ESP

Durante un período de tiempo yo viví en Filadelfia, la ciudad del amor fraternal, que le dicen. Vivir en una ciudad realmente te abre los ojos al amor fraternal porque realmente verás la falta del mismo. Caminas entre cientos de personas y te das cuenta que nadie conoce a nadie ni les interesa tanto hablar con nadie. Amé Filadelfia, pero fue una lección de humildad a los 16 años.

No subestimes el sufrimiento de tus "hermanos y hermanas". No estamos todos relacionados en la Tierra pero eso no significa que debemos aislarnos los unos de los otros. Si tú decides realmente no preocuparte por los demás, hazlo, pero por algo es que existen los clubes de Chicos y Chicas, y los programas de Hermanos Mayores, y más. Hay una NECESIDAD de las personas de recibir amor. Tal vez tú mismo necesitas amor ahora y no lo recibes de ningún lado en tu vida. Ten en cuenta que hay gente como yo que realmente quiere que no te des por vencido en la vida y que tengas éxito. Somos todos hermanos y hermanas en esta vida aunque muchos prefieran no verlo así.

Ayúdense los unos a los otros y hagan de este un mundo mejor (hermano).

ENG

Not every great moment or idea will happen in familiar places. Sometimes moments of greatness in your life will happen in strange places. I've had times where I've been away from home and I've written one of my best songs, or met people who have helped me out. Don't always think that you have to stay put to get things moving. Sometimes you have to move a little and not be afraid to take chances in unfamiliar places. Be safe, be wise, and be fearless.

SOMETIMES IT'S NOT ABOUT WHERE YOU ARE BUT WHO YOU'RE WITH

ESP

No todos los grandes momentos o ideas en la vida sucederán en lugares familiares. A veces los grandes momentos de tu vida ocurren en lugares extraños. He tenido tiempos en que he estado lejos de casa y he escrito las mejores canciones de mi vida o he conocido personas que me han ayudado. No pienses que siempre tienes que mantenerte en un lugar para que las cosas se movilicen, a veces tienes que moverte un poco y no tener miedo de aventurarte a lugares desconocidos. Sé precavido, sabio, y no temas.

A VECES NO SE TRATA DE DONDE ESTÉS SINO DE QUIEN ESTÁ CONTIGO

EVEN THE BAD CAN BE USED FOR YOUR GOOD

ENG

The bad in our lives does not have to make us suffer forever. Everyone has mistakes they feel they've made, but we should try to not regret anything. Everything bad that has happened to us can be turned to good. Even the fact that you can share your story with a friend and help them not to make the same mistakes you've made is doing good with the bad. We aren't born to be negative, or to be a species that only thinks of all the wrong we do. We are a species that needs positive things in our lives to sustain us. Can you imagine what life would be like if you never had a positive moment? Positive moments help sustain us and keep us going, while our negative moments chisel us into our purpose. Don't allow the bad in your life to keep you from good. Appreciate the moments of struggle because you're being chiseled, and we all could use a little chiseling.

AUN LO MALO PUEDE SERVIR PARA TU BIEN

ESP

Lo malo en nuestras vidas no tiene que hacernos sufrir para siempre. Todos cometen errores pero deberíamos intentar no lamentarnos por ello. Todo aquello que ha sido malo en nuestra vida puede servirnos para bien. Incluso el hecho de que tú puedas compartir tu historia con un amigo y ayudarlo a no cometer los mismos errores que tú cometiste es transformar lo malo que te pasó en algo bueno. No nacimos para ser negativos y ser una especie que siempre piensa en todo lo malo que sucede. Somos una especie que necesita cosas positivas que nos sostengan en la vida. ¿Te imaginas cómo sería la vida si nunca tuviéramos un momento positivo? Los momentos positivos nos ayudan a sostenernos y a seguir adelante, mientras que los momentos negativos boicotean nuestro propósito en la vida. No dejes que lo malo en tu vida te aleje de lo bueno, sino valora los momentos de lucha porque te están moldeando y eso es algo que a todos nos sirve de vez en cuando.

FIND A FRIEND. SHARE A STORY

Don't be afraid to share your stories. Our life experiences are meant to teach us lessons that will help us move on to the next step. Something that can help us understand more about life and the impact of our choices is the sharing of our stories. If I share my story, it may help you to do better in an area of your life that you are confused about. Do not be afraid to share your story, and don't be afraid to listen to other people's stories. They may help you understand a life lesson.

ENG

ENCUENTRA UN AMIGO. COMPARTE UNA HISTORIA

No te cierres a contar tus historias. Nuestras experiencias de vida están para enseñarnos lecciones que nos servirán para avanzar a la siguiente etapa de nuestra vida. Algo que puede ayudarnos a entender mejor la vida y el impacto de nuestras elecciones es compartir nuestras experiencias. Si comparto mi historia, quizás puede ayudarte a ti a manejar mejor un área en tu vida en la que estas confundido. No tengas miedo de compartir tu historia ni de escuchar las historias de otros porque te pueden ayudar a entender una lección de vida que antes no conocías.

ESP

DON'T START THE BATTLE IF YOU CAN'T HANDLE THE FIGHT

ENG

If you are ready to start a battle, make sure you are willing and able to withstand the fight.
Sometimes we pick battles thinking that we are going to win, but there will be battles that will knock the wind out of your chest! Make sure you come with the facts and enter into every battle with truth. If you are debating a certain topic or situation with someone, make sure you bring the facts so that you don't look foolish when things are brought up against you or asked of you. We all have the strength in us to handle anything that comes against us, but be sure that you are ready for any battle or debate. That way, in the end, you can be the one who is victorious.
Answer this:
Do I always feel like I am ready to win the battle, or do I need to prepare myself a little more?

Si te estás preparando para empezar una batalla, asegúrate de estar dispuesto a sostener la pelea. A veces nos metemos en peleas pensando que vamos a ganar, ¡pero habrá batallas que nos quitarán el aliento! Asegúrate de tener en cuenta los hechos y entrar a tus batallas con la verdad. Si estás discutiendo algún tema o situación específico con alguien, trae fundamentos para no quedar como un tonto cuando te pregunten o te discutan. Todos tenemos la fuerza en nosotros de manejar cualquier situación que venga contra nosotros pero asegúrate de estar preparado para las peleas o debates para que al final salgas victorioso.
Responde esto:
¿Siento que siempre estoy listo para ganar la batalla o necesito prepararme un poco mejor para los desafíos de la vida?

ESP

NO EMPIECES LA PELEA SI NO PUEDES SOSTENER LA BATALLA

TALENTS

Each one of us have talents and gifts that were given to us when we were born.
We were destined to have these gifts and to use them. Some gifts gain more of the spotlight than others, and that is a fact we sometimes don't want to hear. But that does not mean you shouldn't exercise your talent daily. There are people that we meet every day who may have a fun and quirky talent that you'll never venture to explore, and that makes our a world a fun and unique place!
Try to connect with people who have talents that are like yours, and don't be scared to have someone show you something new!
Maybe your talent is just to have a good open ear for someone to talk to, or a loving heart to care for those who are hurt! Your talent is something that this world needs—don't try to hide it.

TALENTOS

ESP

Todos tenemos talentos y dones de nacimiento. Estábamos destinados a tener estos talentos y a usarlos. Algunos dones son más visibles que otros y es algo que a veces no queremos escuchar, pero eso no significa que no debas entrenar tus talentos diariamente.
Diariamente hay niños que se levantan con hambre, padres que no saben de dónde van a conseguir dinero y veteranos discapacitados que sacrificaron su bienestar por nuestra seguridad y ahora luchan por acostumbrarse a una vida normal en los Estados Unidos.
Estas situaciones son situaciones en las que la gente lucha por encontrar su esperanza, pero si eres alguien que no está luchando sino que se despierta cada día en una cama cómoda, entonces deberías sentirte obligado a descubrir tu talento y usarlo. ¡Quizás tu talento sea tan sólo abrir tus oídos para escuchar o un corazón amoroso para cuidar a los que están heridos!
Tu talento es algo que este mundo necesita— no lo escondas.

EXCELLENCE

It is very important that we do everything in our life with excellence. Excellence is a state of mind. If you want the best out of life, and you want to make a secure long term investment in yourself, then do everything in your life with excellence.
Excellence is finishing anything you start. Excellence is asking for advice from those who have been through what you are about to go through. Excellence is caring not only for your allies, but also for your enemies so they can see the light. Excellence is giving every part of your life 100% and not letting anyone tell you that you aren't worth fighting for. You are excellently made, so live a life of excellence.

ENG

EXCELENCIA

Es muy importante que en nuestra vida, todo lo hagamos con excelencia. La excelencia es un estado mental. Si quieres alcanzar lo mejor de la vida y quieres hacer una inversión a largo plazo en tu vida, entonces haz todo en la vida con excelencia.
La excelencia es terminar lo que comienzas. La excelencia es pedir consejo a los que pasaron por algo que tú estás por atravesar. La excelencia es preocuparte tanto por tus aliados como por tus enemigos para que encuentren la luz. Excelencia es darle a cada aspecto de tu vida tu 100% y no permitir que nadie te diga que no lo vales.
Estás excelentemente creado, así que vive una vida de excelencia.

ESP

TRUST

Today I found out that someone I trusted stole a lot of money from me. Money is money—it's coins and paper. But trust is something you cannot buy. Trust is something you do not want to lose, because it is worth more than any money or object. I know from experience what it is to lose the trust of someone you care about, and, thankfully, I learned my lesson.

You must realize that there are very few people you can trust. Why don't you decide today to be someone that others can trust in? Whether it be at home, work, school, or in the public eye, you should be someone that people can trust.

I know it is in you. TRUST. It's available for everyone to give and take, but very few people accept it or give it the respect that it deserves. Decide today to trust and be trustworthy.

CONFÍA

Hoy descubrí que alguien en quien yo confiaba me robó una gran cantidad de dinero. El dinero es dinero... monedas y papel... Pero la confianza es algo que no puedes comprar. Confianza es algo que no quieres perder porque vale más que cualquier dinero o cosa que puedas comprar.

Sé desde la experiencia lo que es perder la confianza de alguien que te importa y afortunadamente aprendí la lección.

Debes entender que en esta vida hay muy poca gente en la que puedes confiar. ¿Por qué no te decides hoy a ser alguien en quien otros puedan confiar? Ya sea en tu casa, escuela, el trabajo o a la vista del público, deberías ser una persona en la que otros pueden confiar.

Yo sé que está en ti. CONFIANZA. Todos podemos dar y recibir, pero poca gente acepta o le da el respeto que se merece. Decide hoy confiar y ser de confianza.

SUICIDE

Today I heard of four young teens that committed suicide at a high school near the school where I graduated.

I have thought about suicide and the pain the my loved ones would endure if I did it. There will always be lows in life, and all successful people will tell you they've had them. If they say they didn't, they are lying.

Suicide may not go through everyone's mind, but there are thoughts of lack of self worth, not caring for one's health, cutting oneself and other things that are part of the family of suicidal tendencies. If you begin to feel these feelings, or start to become more open to them occurring, you need to find someone to speak with. Don't speak with just anyone—speak with someone stronger than you. Life is no easy task, and each of us have the right to struggle through it and go through our own battles. No one can take your life experience away from you. If you've gone through hard times already in your life then embrace it, because there is a reason for it. I promise you will be able to use your tough experiences to make someone else not give up on their life. But you must not give up on yourself.

Suicide is not an answer that will solve anything for you. We have our struggles, and some of us will endure extremely hard challenges, but if suicide were the option, the feeling wouldn't scare so much of us. Suicide never feels right, and anyone who's ever let it cross their mind knows it does not feel natural. Some people choose to go forth with it because they never had the feeling of love or support to get through what their going through. So with that in mind, take advantage of every moment you are given in this life. Spread love, spread kindness, and learn to be mindful of what you say, do or speak to others. You never know when your one negative comment or action is what will tip someone to the edge of weakness.

Life will never be perfect. We all must give and take here and there for life to mold into whatever it will become. I've been in the shoes of lack of self-worth and I've felt that maybe I shouldn't live another day. But when I turned to my mentors and spoke with them, they helped me along my way and pushed me to keep going. If I had given into my own urges I wouldn't be here today and I wouldn't be able to type this very entry. There is a reason for our lives, and I am a testament to that. Don't give up on yours!

Hoy escuché de cuatro adolescentes que se suicidaron en una escuela secundaria cerca de la escuela donde me gradué. He pensado acerca del suicidio y el dolor que ocasionaría a mis seres queridos si algún día me suicidara. Hay momentos duros en la vida y cualquier persona exitosa te diría que los han tenido – si te dicen lo contrario, están mintiendo.

Puede que no todos estén pensando en el suicidio, pero otros pensamientos como falta de autoestima, descuido de la salud, cortarse y otras cosas que son parte de las tendencias suicidas. Si tú empiezas a sentir estas cosas o las empiezas a considerar posibles, necesitas encontrar a alguien con quien hablar. No hables con cualquiera-habla con alguien que sea más fuerte que tú. La vida no es fácil y cada uno de nosotros tiene derecho a sufrir y atravesar dificultades. Nadie puede llevarse tu experiencia de vida. Si ya has pasado por momentos difíciles en la vida, entonces acéptalos, porque existe una razón para ellos. Te aseguro que podrás usar tus experiencias difíciles para ayudar a otra persona a no darse por vencido en la vida, pero para ello no debes darte por vencido en la tuya.

El suicidio no es la respuesta que resolverá nada ni para ti ni para mí. Tenemos luchas en la vida, y algunos de nosotros atravesaremos batallas verdaderamente duras, pero si el suicidio fuera la opción, no nos daría tanto miedo. El suicidio nunca se siente correcto y cualquiera al que se le haya cruzado por la cabeza sabe que no se siente natural. Algunas personas deciden seguir adelante con ello porque nunca sintieron amor o apoyo verdaderos para soportar las cosas que están atravesando. Considerando eso, cuida las cosas que haces. Ofrece amor, amabilidad, y aprende a ser cuidadoso con lo que dices o haces a otros. Nunca sabes cuando tu comentario negativo puede ser el detonante para otra persona. La vida nunca será perfecta. Todos tenemos momentos de ceder para que la vida se vaya acomodando, mientras vamos creciendo. Yo he estado en los zapatos de la baja autoestima, y he sentido que no quería ver la luz de otro día, pero cuando acudí a mis mentores y hablé con ellos, ellos me ayudaron y me impulsaron a seguir adelante. Si me hubiera rendido ante mis angustias no estaría aquí hoy y no podría estar escribiendo este mismo párrafo de este diario. Hay un propósito en nuestras vidas y yo soy testimonio de eso. ¡No te des por vencido con el tuyo!

ESP

SUICIDIO

2ND CHANCES

Sometimes people hurt us and then ask for a second chance. The thought of second chances is seen everywhere, and I even have a best friend who named his band 'A Second Chance'. This thought of second chances is very popular, and it is a difficult subject matter to accept. Sometimes we are so hurt, disgusted, furious, confused and hard-hearted that a second chance seems impossible to give.
We must learn to distinguish!
Some things and people deserve second chances. You must look at patterns when determining if you are going to give someone or some thing a second chance. Maybe you have a person who is begging you to forgive them and let them back into your life, or maybe you have a business idea that you tried once but are scared to try again because the first time you gave it a try, you failed miserably. If the person or situation has been given a second chance before, you may be right to assume that they should not be given anymore chances. They will probably do it again. Everyone has their 'downfalls,' but some people have them so frequently that they do not deserve any more chances.
Learn to distinguish people's situations or patterns before giving them more chances. You do not want to give someone a chance and let yourself be hurt again.

2DAS OPORTUNIDADES

A veces la gente nos lastima y después pide una segunda oportunidad. El concepto de segundas oportunidades está en todas partes, y hasta tengo un amigo que nombró a su banda "Segunda Oportunidad". Es un concepto muy popular y un hecho difícil de aceptar. A veces estamos tan heridos, disgustados, confundidos y fríos por lo que nos han hecho que dar una segunda oportunidad parece imposible.
¡Debemos aprender a discernir!
Algunas situaciones y personas merecen una segunda oportunidad. Debes estudiar los patrones cuando quieras determinar si vas a darle a alguien o a algo una segunda oportunidad. Quizás tienes a alguien que está suplicándote perdón y dejas que vuelvan a tu vida o quizás tienes este proyecto de negocio que tuviste alguna vez pero no quieres darle otra oportunidad porque tienes miedo de que si lo intentas, fallarás miserablemente. Si la persona o situación ya tuvo una segunda oportunidad en el pasado, quizás tengas razón de asumir que no deberías volver a darle oportunidad porque probablemente lo volverán a hacer. Todos tienen "tropezones" pero algunas personas tienen tantos que no merecen seguir teniendo oportunidades.
Aprende a diferenciar los patrones de personas y situaciones antes de darles más oportunidades. No quieres darle a alguien una segunda oportunidad y dejar que te lastime otra vez.

DOUBT

ENG

Doubt can creep on you like a scary Chucky doll in a haunted house. It has the tendency to show up unexpectedly when you desperately need courage. There's a saying that goes "Do not doubt, because in doubt, you will waver back and forth like a feather in the wind, having no direction in which to go."

OK, I never really heard a saying like that, but it sounds true right? That's how I feel when I am in doubt. I feel LOST.

Remember, if a task is before you, then there is a reason it's there and the reason is because you can do it. The decision to actually overcome your doubt is up to you.

Don't doubt yourself. Be brave. The strength is in you. Don't let go of your courage, but do let go of your doubt!

DUDA

ESP

La duda te puede carcomer como un monstruoso muñeco de Chucky en una casa embrujada. Tiene la tendencia a aparecer cuando más necesitas valentía y cuando menos te lo esperas.

Hay un dicho que dice "no dudes porque al dudar te balanceas de un lado al otro como una pluma en el viento sin dirección". Bueno, nunca lo escuché dicho de esa manera, ¿Pero suena correcto, no? Así me siento yo cuando dudo. Me siento PERDIDO.

Recuerda, si tienes una tarea que cumplir, hay una razón para ello, y la razón es que tú puedes cumplirla. La decisión de superar tus dudas es totalmente tuya.

No dudes de ti mismo. Sé valiente. La fuerza está en ti. ¡No dejes ir tu valor, suelta tu duda!

SATISFACTION

Do you ever feel unsatisfied with the people around you? Do you ever feel unsatisfied with the choices you've made? Do you ever feel unsatisfied with your boyfriend, girlfriend or spouse? Do you sometimes think that everything you're doing is not anything near what you should be doing?

These thoughts have come into my head before, and although not everyone can relate to this feeling, it's totally normal to feel this way. The thing about these feelings is that you need to address them. You need to tackle these feelings of dissatisfaction with yourself head-on, and not let them build up inside you. These feelings will become like a spider making web after web until it's trapped itself. Address these feelings and make a plan to finally feel satisfied.

You must look inside you and find out where these feelings originated. In the same way your heart wants to latch on to the dissatisfaction, begin to take note of what you can do to make yourself happier. Write down or think about the things you need to do in order to feel satisfied, and then begin to work towards those things. Anyone can live a life of dissatisfaction, but it's about getting over that feeling and deciding that starting now, you are going to live a life in which you are happy, and satisfied, and that you will not allow yourself to be a victim of dissatisfaction anymore.

¿Hay veces que te sientes insatisfecho con la gente a tu alrededor? ¿O te sientes insatisfecho con las decisiones que tomaste en tu vida? ¿Te has sentido alguna vez insatisfecho con tu novio, esposo o pareja? ¿Te has sentido alguna vez como si las cosas que estuvieras haciendo en la vida no se parecieran en nada a las que deberías estar haciendo? Yo he tenido estos pensamientos en el pasado y aunque no todos pueden entender este sentimiento, es totalmente normal sentirse así. El tema con estos sentimientos es que debes manejarlos. Tienes que enfrentar estos sentimientos de insatisfacción contigo mismo directamente y no dejar que crezcan en ti. Estos sentimientos pueden crecer como si una araña tejiera su red y quedara atrapada en ella en una esquina. Tienes que reconocer y manejar estos sentimientos y crear un plan para finalmente sentirte satisfecho.

Debes mirar dentro de ti mismo y descubrir dónde comenzaron estos sentimientos y así como tu corazón quiere aferrarse a la insatisfacción, comienza a tomar nota de lo que puedes hacer para sentirte satisfecho. Escribe o piensa en las cosas que puedes hacer para sentirte satisfecho y luego comienza a caminar hacia ellas. Cualquiera puede vivir una vida de insatisfacción, pero se trata de superar esos sentimientos y decidir que a partir de ahora vas a vivir una vida donde estás feliz y satisfecho, y que no te permitirás ser una víctima de la insatisfacción nunca más.

ESP

SATISFACCIÓN

NOT LIKE THE MOVIES

When I watched music videos and movies as a kid, I really would envision myself in some scenarios that I saw in the videos.
Life is usually not, if ever, like the television shows and movies we watch.
Make sure you realize that your life is just that—your life. It's your own movie, your own television show, and if you're creative enough, it could be your own cartoon. Don't try to live anyone else's life, and definitely don't try to live like you're in a movie or television show, because it'll never turn out like it did on the show.
Write your own script and make every day a blockbuster for YOU and don't worry about anyone else whose watching. Now ACTION!

ENG

NO COMO EN LAS PELÍCULAS

Cuando veía videos musicales y películas de pequeño, realmente me imaginaba a mí mismo en ciertos escenarios como los que veía en los videos. La vida usualmente y casi siempre será diferente de lo que vemos en la tele y en películas.
Asegúrate que tu vida es sólo eso - tu vida. Es tu propia película, tu propio programa de televisión y si eres lo suficientemente creativo, puede ser tu propia caricatura. No trates de vivir la vida de otros y definitivamente no trates de vivir como si estuvieras en una película o programa de televisión porque nunca resultará así.
Escribe tu propio guión y haz de cada día un éxito de taquilla y no te preocupes por quién más mira. Ahora, ¡Acción!

ESP

EQUAL

ENG

In this world there are people who gain pleasure from making others feel less qualified or unequal to walk on this Earth than them. Every person was brought into this world on the same terms. Every person is equal. Your skin color may be different, your voice may be higher or deeper, your growth spurt may come earlier or later (or maybe not at all), but whatever the differences between us may be, we are all equal.

Never let anyone tell you that you are not worthy of the opportunities that are available. The opportunity to be successful is available to you and me. The minute you allow yourself to feel unequal is the minute you give your enemy the advantage. There is a reason you're here, so wake up and start working towards your purpose.

IGUAL

ESP

En este mundo hay gente que encuentra placer en hacer a otros sentirse inferiores o desiguales a ellos en el mundo. Todas las personas de este mundo llegaron a este mundo bajo los mismos términos. Todos somos iguales. Quizás tu color de piel es diferente, tu voz, tu crecimiento puede llegar antes o después (o no llegar en absoluto) pero cualquiera sea la diferencia que tengamos entre nosotros, todos somos iguales.

No dejes que nadie te diga que no eres digno de tomar las oportunidades que puedes encontrar en este mundo. La oportunidad de tener éxito está al alcance tuyo y mio. Cuando te permites sentirte inferior, le das a tu enemigo la ventaja. Hay una razón por la que estás aquí, así que despierta y empieza a trabajar en tu propósito.

YOUR BRAIN CAN MAKE HELL OF HEAVEN

Even when your surroundings make you feel that you have no hope, you can't let that overcome all of your thinking. You must overcome all thoughts of negativity and realize you were born for greatness...a greatness so strong that unfortunately some of us, as humans, fail to make into reality. We are all destined for heaven on this beautiful Earth, but we let ourselves be FOOLED into thinking that we are in hell. Think about it like this...the King of England is the king of England. He was born the King of England and no one can take that from him. Being King means you are royalty, but if one day he wanted to pretend that he wasn't, could he? No, he could not because guess what? He is the King of England whether he likes it or not. In that same way you were born for greatness. The fact that you were given the opportunity to live on this earth means that you have the possibility of doing great things with yourself, even if you don't believe it, or people around you try to take that right away from you. Do you know you're royalty? Believe it inside and don't think different!

ENG

TU MENTE PUEDE TRANSFORMAR EN INFIERNO EL CIELO

Aun cuando lo que te rodea te haga sentir que no tienes esperanza, no debes dejar que eso se apodere de tu mente. Debes superar todo sentimiento de negatividad y entender que naciste para la grandeza...una grandeza tal, que desafortunadamente para algunos de nosotros, humanamente fallamos en hacerla realidad. Todos estamos destinados al cielo en esta hermosa Tierra, pero nos dejamos ENGAÑAR a pensar que estamos en el infierno. Piénsalo de esta manera...el Rey de Inglaterra es el Rey de Inglaterra. Nació como el Rey de Inglaterra y nadie puede quitarle ese título. Ser Rey significa que eres de la realeza, pero si algún día él quisiera fingir que no lo es, ¿Podría? No, no podría, porque, adivina qué... Él es el Rey de Inglaterra, lo quiera o no. De esa misma manera, tú naciste para la grandeza. El hecho de que hayas recibido la oportunidad de vivir en este planeta significa que tienes la posibilidad de hacer grandes cosas con tu vida, aún si no lo crees así o si la gente a tu alrededor trata de quitarte ese derecho. ¿Sabes que eres de la realeza? ¡Créelo dentro de ti y no pienses diferente!

ESP

POVERTY MINDSET

ENG

If you think you're poor, unsuccessful, devalued and worthless, that is what you will be. Believe you're amazing, uniquely made, prosperous, intelligent, and I promise you will see your life turn towards those attributes.
You are what you believe yourself to be.
Royal Mindset > Poverty Mindset
Think you are made with value instead of without value. It's not a 'money' thing, it's a YOU'RE WORTH SOMETHING GREAT thing.

Si piensas que eres pobre, que no tienes éxito, devaluado e insignificante, eso es lo que serás.
Cree que eres genial, único, inteligente y próspero, te aseguro que verás tu vida inclinarse hacia esos atributos.
Tú eres lo que crees que eres.
Mente de Realeza > Mente de Pobreza
Cree que has sido creado con valor en vez de insignificante. No es un tema de "dinero", es un tema de que NACISTE PARA SER ALGUIEN GRANDE.

ESP

MENTALIDAD DE POBREZA

REWARD COMES AFTER WORK

In 2012, I went on a trip to Nicaragua. This trip was coordinated with local leaders and it was a great success. The success came in the form of our team bringing medicine, toys, clothes, and toiletries for poverty stricken children and families. I'm writing this note on the plane from Nicaragua to the U.S. thinking about how much I learned and received from the lovely people of Nicaragua.

What I want to tell you about is the struggle I had getting there. When we were on our way to Nicaragua, our flight was canceled and to leave that same day we had to check in with a total of nine airline officials. Not just the one normal person you check in with at the airport terminal, we had nine of those people to work with on one morning because of flight cancellations and the airline's disorganized staff. I tend to be patient and I know that patience is a virtue, but after the sixth encounter I honestly felt like I could've exploded.

I went from the seventh person to the eighth person and finally the ninth person was able to help us.

I was irritated, tired and ready to throw in the towel. When we got to the gate I threw myself on the floor and passed out for about twenty minutes.

When I woke up my mind was clear and now sitting here on this plane home I realized that with great struggle can come great rewards.

You don't have to give up to be happy. Don't give up my friends! The reward is gained, after helping all those children, and I would've done it over and over again. So if you're going through some hard challenges right now, or maybe you will in the future, just know that the reward after those struggles may be worth the challenges!

En el 2012 hice un viaje a Nicaragua. Este viaje fue coordinado por líderes locales y fue un gran éxito. Ese éxito vino en forma de medicina, juguetes, ropa y elementos de baño para niños y sus familias que se encuentran en situación de pobreza. Estoy escribiendo esta nota en el avión de Nicaragua a Estados Unidos, pensando en todo lo que aprendí y recibí de la hermosa gente de Nicaragua.

Lo que quiero decirte en este texto es la lucha que soporté para llegar hasta ahí.

Cuando estábamos yendo a Nicaragua nuestro vuelo fue cancelado y para poder partir ese mismo día, tuvimos que registrarnos con un total de 9 oficiales de aerolínea. No solo la persona con la que normalmente te registras, en la terminal del aeropuerto, teníamos a 9 de esas personas con las cuales trabajar en una mañana de vuelos cancelados y de equipo desorganizado. Yo tiendo a ser paciente y considero la paciencia una virtud pero después del sexto encuentro, siento que podría haber explotado.

Fui desde el séptimo, octavo, y finalmente la novena persona pudo ayudarnos.

Estaba irritado, cansado y listo para tirar la toalla. Cuando llegamos a la puerta, me desmayé en el piso por veinte minutos.

Cuando me desperté, mi mente estaba despejada y ahora sentado aquí en este avión camino a casa me doy cuenta que junto con las luchas, vienen las recompensas.

No tienes que darte por vencido para ser feliz. ¡No se rindan, amigos! La recompensa se gana, y luego de lo que vi ayudando a esos niños, lo haría una y otra vez. Así que si estás atravesando duros desafíos ahora mismo o quizás los tendrás en el futuro, ¡sólo ten en cuenta que la recompensa después de las luchas vale la pena!

ESP

LA RECOMPENSA VIENE LUEGO DEL TRABAJO

BEHIND CLOSED DOORS

ENG

When you've closed the door and you're all alone, what is it that you think, do, say or act on?
Sometimes what we do when we're alone does not represent who we really want to be. Why is that?
Is it because we feel so comfortable with the invisible watching us that we want to test it's vulnerability?
Never underestimate the silence around when you're by yourself.
Sometimes the invisible will make the things it sees visible, and you may find that your dark, secret life works its way into the public eye.
Be careful what you do when you're alone. That is what I want you to walk away with today.

DETRÁS DE LAS PUERTAS CERRADAS

ESP

Cuando has cerrado la puerta y estás completamente solo
¿En qué piensas, dices o actúas?
A veces lo que hacemos cuando estamos solos no representa lo que realmente queremos ser. ¿Por qué sucede eso?
¿Es porque estamos demasiado cómodos con el invisible mirándonos que queremos probar su vulnerabilidad?
Nunca subestimes el silencio a tu alrededor cuando estás contigo mismo.
A veces lo invisible hará que las cosas se vean visibles y te puedes encontrar con que tu vida secreta detrás de las puertas y que no te gusta encuentren su manera de llegar a la vista del público.
Ten cuidado de lo que haces cuando estás solo, eso es lo que quiero que te lleves hoy.

FREEDOM FOR YOUR MIND IS FREE

ENG

Sometimes when we go through hard times we let ourselves be placed in mental bondage. We trap ourselves in this bondage and exclude the real us from our true friends, family and the people who love us. We do this because for some reason it's hard to believe that anyone could really love us. You deserve love and to have a mind free from bondage. Allow yourself that freedom. You are worthy of love and to have a clear mind. You will only know self worth when you allow yourself to have a free mind and allow yourself to be completely loved by others and learn to love yourself. You are worth the love you never thought you could deserve. Allow yourself to be free to receive it!

LA LIBERTAD DE TU MENTE ES GRATIS

ESP

A veces cuando pasamos momentos difíciles en la vida, dejamos que nuestras mentes se aten. En esta atadura nos encerramos y excluimos a nuestro verdadero yo de nuestros verdaderos amigos, familia y personas que nos quieren. Hacemos esto porque por alguna razón, creemos difícil que alguien nos quiera. Tú te mereces amor y liberar tu mente de las ataduras. Permítete esa liberación de ataduras para tu mente. Eres merecedor de amor y una mente clara. Sólo entenderás la autoestima cuando liberes tu mente de las ataduras y te permitas ser completamente amado por otros y aprendas a amarte a ti mismo. Tú mereces ese amor que nunca pensaste que merecerías, ¡Permítete ser libre para recibirlo!

EDUCATION AND ACADEMICS

Although some may argue that not every person needs to go to college to learn, one thing we can't argue about is that we all need to learn.

Some people will learn from school, parents, relatives or from life. Some people are solely students of life, wandering around, learning life lessons from every experience they are given, while others want to learn from someone or from an institution. The lessons we learn are vast and each person will come away with his or her own interpretation. Overall though, learning is important! Learning gives you something to talk about with strangers and to grow on as you grow older. I've met people who have taken their years and learned nothing and I must say, my conversations with these people are short. The shortness wasn't because I didn't want to talk to them, it was because we had nothing to talk about.

I have a vast amount of knowledge that I learned from the 'School of Life' and from 'Institutions,' and when I try to express those in conversation to people who have not learned anything, our conversation goes nowhere. When people decide to give up on learning anything in life, they close themselves off to a huge world of possibilities.

Not everyone has to go to college, but everyone needs to make a decision to pass the exam of life and at least get a B average. You can do it!

Aunque algunos pueden decir que no todos tienen que ir a la universidad y aprender, una cosa que no se puede discutir es que todos necesitamos aprender.

Algunos pueden aprender de la escuela, de sus padres, parientes o de la vida. Algunas personas solo son estudiantes de la vida, incorporando lecciones de vida de cada experiencia que tienen mientras que otros quieren aprender de una escuela o institución. Las lecciones que aprendemos son variadas y cada uno puede tomar una interpretación diferente de las mismas. Como sea, ¡aprender es importante! Aprender te da algo de qué hablar con extraños y sobre lo cual crecer mientras te haces más grande. He conocido gente que han visto pasar los años y no han aprendido nada y debo decir que las conversaciones con esta gente son breves. La brevedad no se debía a que yo no quería hablar con ellos, era porque no teníamos nada de qué hablar. Tendría una vasta cantidad de conocimiento de la "Escuela de la Vida" y de las "Instituciones" y cuando trataba de expresar esas cosas en la conversación con la gente que no había aprendido nada, la conversación no iba a ningún lado. Cuando la gente decide darse por vencido en aprender en la vida, se cierran a un mundo de posibilidades.

No todos tienen que ir a la universidad, pero todos necesitan tomar la decisión de pasar el examen de la vida y sacarse al menos un 8 de promedio. ¡Tú puedes hacerlo!

ESP

EDUCACIÓN Y ACADEMIA

MIRROR IMAGE

ENG

Sometimes you don't look in the mirror because you already know what you'll see.
Don't get tired of looking at yourself in the mirror because you have become stagnant.
In doing the same thing day after day, we can lose sight of what really matters— our hearts.
So many people try to hide how they really feel to make themselves appealing for others, but what about you? What about being happy with yourself? What about being able to look at yourself and be happy?
Don't be fooled because you see the same person in the mirror and feel the same as you did yesterday. If you want change, it's in you. You can be changed, just remember you are here for a reason and it's to love yourself, so you can then learn to love others.
Begin to love yourself more so you can see the real you in the mirror, not the image you aren't satisfied with, or the image you are trying to create to please others.

LA IMAGEN EN EL ESPEJO

ESP

A veces no te miras en el espejo porque ya sabes lo que vas a observar.
No te canses de mirarte en el espejo porque has llegado a un estancamiento en tu vida. Al hacer esto diariamente perdemos la vista de lo que realmente importa – nuestros corazones.
Mucha gente trata de esconder lo que realmente sienten para hacerse más agradables para los demás pero, ¿y qué hay de ti? ¿Qué hay de estar feliz contigo mismo? ¿Qué hay de poder mirarte a ti mismo y estar feliz?
No te dejes engañar por el hecho de que siempre ves lo mismo y te sientes igual que ayer. Si quieres cambiar- depende de ti. Tú puedes ser transformado, solo recuerda que estás aquí por una razón y esa razón es que te ames para que puedas aprender a amar a otros. Así que comienza a amarte a ti mismo para que puedas ver la verdadera imagen en el espejo y no trates de evitarlo porque no estás satisfecho con el reflejo que recibes o la imagen que estás tratando de crear para otros.

EVERYTHING STARTS WITH A THOUGHT

ENG

Everything comes from a thought you hear or read. Then it affects your emotions, which affect your decisions. From your decisions you create habits, and your habits create your character. In turn your character will determine your destiny.

Be careful what you let into your mind. These things we allow to penetrate our being grow into our thoughts and can change our lives because of the impact we allow them to have on us. For those of us who do not have control over our emotions, extreme caution must be taken! The decisions you make, if not controlled, will become habits which in turn can determine your character. Your character defines who you are. Everyone has character. Some people's characters are strong, and some are weak. Some are clean, and others are dirty. Your character will determine your destiny. Destiny is the reason we are on Earth, and if you let polluted words and thoughts enter your life they will block what you need to reach your destiny.

Life is not a video game. You have a REAL destiny to fulfill, and if you allow yourself to become distracted you'll never accomplish yours.

TODO COMIENZA CON UN PENSAMIENTO

ESP

Todo comienza con un pensamiento que escuchas o lees, que entonces afecta tus emociones y que luego afecta tus decisiones y de tus decisiones creas tu hábito, y de tu hábito creas tu carácter, y así mismo tu carácter determina tu destino.

Ten cuidado lo que permites en tu mente. Estas cosas que dejamos que penetren en nuestro ser se transforman en pensamientos y pueden cambiar nuestras vidas por el impacto que les permitimos que tengan en uno. Para aquellos que no tienen control sobre sus emociones, ¡Tengan mucho cuidado! Las decisiones que tomamos, si no son controladas, pueden tornarse hábitos que luego determinan nuestro carácter. Nuestro carácter define quiénes somos. Todos tienen carácter. Algunos tienen carácter fuerte, otros débil, puro o perverso. Nuestro carácter determina nuestro destino.

Destino es la razón por la que estamos en la Tierra y si dejas que palabras y pensamientos contaminados entren en tu vida, bloquearán lo que necesitas para encontrar tu destino.

La vida no es un juego. Tenemos un VERDADERO destino que cumplir y si te dejas distraer, nunca completarás el tuyo.

BE REALISTIC

*M*ake sure the dreams you make match your purpose.

We can be pulled in so many ways sometimes that we lose sight of what we are naturally good at. For myself, entertainment feels like home, but I am also good at certain business skills and managing people. If I had to say some things I am not good at I could list them for days. I learned that I cannot try to make a dream that is made up of things I am not good at, because more than likely I'll beat myself up trying to reach it, and at the end of it all, I will not make that dream a reality.

So when you make a dream up for yourself, make sure it matches your purpose. Make sure your dreams or your aspirations match the things you are good at, or things that you see yourself getting better at. Do not try to reach for something that obviously wasn't meant for you to attempt. Some of us can run fast and join the track team, and some of us really should just stay in Key Club. There is no right or wrong choice for any one person because at the end of life, you must look back and tell yourself you gave life your all and you didn't slack off and try to take the easy route. We must give life everything we've got. So don't beat yourself up over things you aren't good at, or things you see your friends doing that you wish you could do. Find the things that you are good at, which may take time, and create your future dreams to match those things.

Be realistic about your purpose and make it match your strengths!

*A*segúrate que los sueños que construyes armonicen con tu propósito.

Podemos ser arrastrados en tantas direcciones que a veces tendemos a perder de vista aquello para lo que somos naturalmente buenos. Para mí, el entretenimiento se siente como estar en casa, pero también soy bueno para dirigir personas y tengo destrezas cuando se trata de negocios. Si tuviera que decir las cosas para las que no soy bueno podría hablar por horas. Aprendí que no puedo construir un sueño de las cosas en las que no soy bueno porque lo más probable es que me autocastigue tratando de alcanzarlo y al final de todo, no haré mi sueño realidad porque nunca encajó en mi propósito en la Tierra. Por eso cuando creas un sueño, asegúrate que armoniza con tu propósito. Que tus aspiraciones vayan con las cosas en las que eres bueno trabajando o en las que te ves mejorando cada día. No trates de alcanzar algo para lo que obviamente no has nacido. Algunos de nosotros podemos correr rápido y podemos enlistarnos en el equipo de carrera y otros deberíamos solo quedarnos en Key Club. No hay correcto o incorrecto para nadie porque al final de la vida, tendrás que mirar atrás y decirte a ti mismo si le diste todo lo que tenías y no te debilitaste y decidiste tomar el camino fácil. Debemos darle a la vida todo lo que tenemos y lo mejor que tenemos. No te castigues por las cosas en las que no eres bueno, o quizás las cosas que ves que tus amigos hacen y que desearías poder hacer. Encuentra las cosas en las que eres bueno, lo cual puede tomar tiempo, y crea futuros sueños que vayan con esas cosas.

¡Sé realista acerca de tu propósito y hazlo armonizar con tus habilidades!

ESP

SE REALISTA

There will be things in life that each of us have to let go of at some point before they sicken us. It may be difficult to let people, jobs, things, thoughts, habits, traditions and customs go, but if it is bringing you down, you need to let it go. You need to make a plan and time it out in a healthy manner and make sure you can mentally, financially and physically leave the situation.

I believe you have the strength in you to do whatever you put your mind too. Don't be held down anymore. Let go and let your life grow into your purpose.

DÉJALO IR

ESP

Habrá cosas en la vida que tendremos que dejar ir hasta cierto punto antes de que nos enfermen. Puede ser difícil dejar ir personas, trabajos, cosas, pensamientos, hábitos, tradiciones y costumbres, pero si esto te está desanimando, debes dejarlo ir. Debes hacer un plan y finalizarlo de una forma saludable, y asegúrarte que puedes mentalmente, financieramente y físicamente dejar la situación o cualquier cosa que te esté derribando. Yo creo que tienes la fuerza en ti para hacer cualquier cosa en la que te mentalices. No te dejes desanimar más. Déjalo ir y deja que tu vida alcance su propósito.

LET GO AND LET LIFE

MOTHERS

Not everyone has the blessing of having a mother that loves them unconditionally and is there for them through thick and thin. But everyone can experience the soul of a mother while on this earth.

Women are special. They fill voids in our lives that males can not. Not only in Relationships, but also in their understanding. They feel, understand, and react to things that males will not even care about. So if you're blessed to have a mother, respect her. If you've lost a mother or never lived with a mother, try to find the soul of a mother in a woman who has been a mother to someone. Try to find a mother that can help give you emotional wealth. There is a love that a mother can give that is like no other, and there are many kind women in the world that will allow you to experience that.

Surrounding yourself with knowledgeable, wise, and loving motherly figures is always a good thing. It'll keep your heart pure, and it'll keep your mind focused on caring for yourself no matter what you're going through.

MADRES

No todos tenemos la bendición de tener una madre que nos ama incondicionalmente y que está contigo contra viento y marea pero todos podemos experimentar el alma de una madre mientras estamos en la Tierra.

Las mujeres son especiales. Llenan vacíos en nuestras vidas que los hombres no podemos. No sólo en relaciones, sino también en su entendimiento. Ellas sienten, entienden y reaccionan a cosas que a los hombres nunca les preocuparían. Por eso si tienes la bendición de tener una madre, respétala. Si perdiste a tu madre o nunca viviste con una, trata de encontrar el alma de madre en alguna mujer que ha sido madre para alguien. Trata de encontrar una madre que puede ayudarte a tu riqueza emocional en esas áreas en las que debería haber habido una madre. Hay un amor que las madres pueden dar que nadie más puede y hay muchas mujeres amables en este mundo que te permitirán experimentar ese amor mostrando su propio conocimiento y compartiéndolo con aquellos que se encuentran en la vida.

Rodeándose de figuras maternas sabias, amorosas, y con conocimiento es siempre algo bueno. Mantendrá tu corazón puro y tu mente enfocada en preocuparte por ti mismo no importa las circunstancias.

WE ARE YOUNG

ENG

Just because we're young doesn't mean we should take every dangerous, life threatening, immoral, advantageous, and risky chance we find. We must be WISE. Be wise in all you do because you can make every decision only once. You won't be given multiple tries at the same minute, hour or day you're given.

This doesn't mean you should be a hermit either. We have to make life fun. Even when we are stressed or working hard we need to have fun.

Think before you act. That's all! Just really think about what you're going to do before you do it. If it's something serious, do your research and ask people who have experienced it. Make sure you get advice from people who have conquered whatever struggle it is that you're experiencing. We are young and we need to enjoy life, but make sure you live it in a way that you can one day show other young people how great a life you lived. Show them how they can have a life like yours if they think smart.

SOMOS JÓVENES

ESP

Sólo porque seamos jóvenes no significa que debamos tomar cada oportunidad de peligro, inmoralidad, riesgo y ventaja que encontremos. Debemos ser SABIOS. Se sabio en todo lo que haces porque solo puedes tomar cada decisión una vez. No tendrás múltiples intentos en el mismo minuto, hora o día en esta vida.

Esto tampoco significa que debas ser un ermitaño. Debemos hacer la vida divertida. Aún cuando estás estresado o trabajando duro debes hacerla divertida.

Piensa antes de actuar. ¡Eso es todo! Solo piensa antes de cada cosa que vas a hacer. Si es algo importante, investiga y pregunta a la gente que ya pasó por esta situación antes. Asegúrate de recibir el consejo de personas que han conquistado eso lo que sea que estás atravesando. Somos jóvenes y debemos disfrutar la vida pero vívela de tal manera que puedas algún día mostrarle a la gente la gran vida que has tenido y cómo podrían ellos tener una vida como la tuya si son sabios.

RUNNING ON TIME

Some of us don't need energy drinks or people to keep us going, we simply run on the fact that life is slowly ending with every breathe we take.

Try to run on time in your life. Make every breath count! It's important to not get bogged down at the office for another dollar. We've all got deadlines, but we shouldn't be on a deadline to die. Don't let your deadlines dictate your enjoyment of life. Stay organized and balanced. Allow the fact that time is ticking away to push you to be a better person. Don't be a frantic mess.

ENG

ESTAR A TIEMPO

Algunos de nosotros no necesitamos bebidas energizantes o personas para mantenernos andando – simplemente nos damos cuenta que la vida se nos está acabando con el paso del tiempo.

Trata de ir a tiempo con tu vida. ¡Haz que cada aliento cuente! Es importante que no nos quedemos con tareas atrasadas en la oficina para ganar otro billete. Todos tenemos fechas de entrega, pero es importante que no estemos atrasados con la vida. No dejes que tus fechas de entrega te quiten el disfrute de la vida. Mantente organizado y en equilibrio. Acepta el hecho que el tiempo se va para obligarte a ser una mejor persona en cómo lo manejas y no un desastre frenético en tu vida.

ESP

YOU CAN NOT BUY CLASS

ENG

Class is not dining at a nice restaurant or riding in a Cadillac Escalade limo on your way to your dentist. Class is saying "thank you" and "you're welcome." Class is a decent handshake when meeting someone for the first time. Class is a "How are you doing?" when someone seems troubled. Class is not showing up at a family reunion dressed like you are about to go camping. Even though they are your family and you don't care what you look like in front of them, it doesn't hurt to show some respect and look good. Class is allowing someone to speak and finish before you begin your part of the conversation, especially in a debate.

Class is trying to use a towel or a napkin when you've got to sneeze rather then letting your snot sling everywhere, or wipe it all over your clean shirt when you know you are about to go to school in that same shirt. If you've got a cold, you'll probably get people sick.

Class is knowing that smelling bad is not something you can hide so you should shower and try to smell good.

Class is many things that do not require money, but do require common sense.

We all have common sense in us—find it in you. It'll pay off like you'd never believe. In time, class will pay you back for all the times you had to use a napkin or say thank you when you didn't feel like it. I promise you class will pay you back in your future.

Tener clase no es comer en un restaurante de primera o andar en limusina para ir al dentista.

Tener clase es decir gracias y de nada. Tener clase es dar un apretón de manos decente cuando te encuentras con alguien por primera vez.

Tener clase es un "¿Cómo estás?" cuando alguien está en problemas.

Tener clase es no vestirte como que vas de campo para un evento familiar solo porque no te importa lo que piense tu familia, no duele tratar de vestirse un poco elegante para la familia.

Tener clase es dejar a alguien hablar hasta que termine antes de empezar tu parte en la conversación, especialmente en un debate.

Tener clase es usar un pañuelo o servilleta cuando estás por estornudar en vez de dejar tus mocos colgando o limpiarlos en tu camisa limpia cuando sabes que vas a ir al colegio en esa misma camisa y si estás resfriado, probablemente contagiarás a otros.

Tener clase es saber que oler mal es algo que no podrás esconder por lo que deberías bañarte y tratar de oler bien.

Tener clase es muchas cosas que no requieren dinero pero si requieren sentido común.

Tenemos sentido común dentro de nosotros- encuéntralo en ti. Te beneficiará de una forma que no te imaginas. Con el tiempo, tener clase te recompensará por todas las veces que has usado un pañuelo, o dices gracias cuando no sentiste el deseo de hacerlo. Te prometo que tener clase te recompensará en el futuro.

ESP

LA CLASE NO SE PUEDE COMPRAR

BALANCE

ENG

Life can feel like a balancing act at times. You have all these things to do and they all have the same importance to you.
What do you do? BALANCE
You need to not overextend yourself to the point that everything you do only gets done 10% right. You need to strive to get things done 100%, even if it means prioritizing and cutting some things out of your life.
Learn to schedule yourself with a calendar or on your phone. This will help keep you on time and up-to-date with your tasks. Learn to prioritize. Don't make a toilet paper grocery store run as important on your things to-do-list as a dinner with a friend you haven't seen in a while. Learn to see the value in your tasks so that the important ones get done first and with more effort. Some things are more important than others, and it's your job to keep organized and keep your life balanced.

BALANCE

ESP

La vida puede parecer un acto de equilibrar cosas a veces. Tienes muchas cosas que hacer y todas tienen la misma importancia para ti.
¿Qué es lo que haces? BALANCE
Tienes que evitar ampliarte tanto al punto que cada cosa que haces solo tiene el 10% completado, debes esforzarte para que las cosas estén al 100% aún si esto significa priorizar y cortar algunas otras cosas de tu vida.
Aprende a organizar tu horario con un calendario o en tu teléfono celular. Esto te ayudará a llegar a tiempo y mantenerte organizado con tus tareas. Aprende a priorizar. No pongas que ir a comprar papel higiénico es igual de importante en tu lista como ver a un amigo que no veías hace mucho. Aprende a diferenciar la importancia de las cosas que tienes que hacer para que las más importantes se completen primero y con más esfuerzo. Algunas cosas son más importantes que otras y tu trabajo es equilibrarlas y organizarlas.

If you want the boss position, you need to do the boss's work, even if you're not the boss.

If you work hard, you will be a boss. If you don't work hard, you will not be a boss. It's that simple. You will only get from life what you put in it. Remember life will not, by any means, take you from assistant to boss overnight. Even if you win the lottery, it's not going to get easier. To whom much is given, much is required.

If you are given a lot and do nothing with your blessing, it will find a way to bite you in the end.

So BE A BOSS and learn to work hard, and when you are rewarded for your hard work make sure you bless others and show others the way of success that you found. Don't be all about yourself. Show those who have the same will as you how they can take that will and turn themselves into a boss like you.

Si quieres el puesto de jefe, tienes que hacer el trabajo de un jefe aún cuando no lo eres, para que el trabajo de jefe te encuentre indirectamente.

Si te esfuerzas, serás un jefe. Si no, no lo serás. Es así de simple. Sólo obtienes de la vida aquello que le das. Recuerda que no sucederá, jamás, de un día para el otro. Aún si lo ganas de forma dudosa, no te será fácil, porque en la vida, se le da mucho a aquel al que se le demanda mucho. Si se te da mucho para hacer y no haces nada bien finalmente te vendrá en tu contra.

Por lo tanto, SE UN JEFE y esfuérzate, y cuando llegue la recompensa por tu esfuerzo, recuerda bendecir también a otros y mostrarles el camino que tú encontraste hacia el éxito. No seas egoísta. Muéstrale a aquellos que tienen la misma voluntad que tú cómo pueden usarla para transformarse en jefes como tú.

¡Sé un jefe!

SICK PEOPLE

ENG

Be wary of sick people. There are people who are ill. They may have grown into their illness, or they learned their illness from their parents or people around them. Be wary if you notice traits of illness in someone. You should separate yourself from them so their illness does not grab onto you.
The illness I speak of is mental illness. This is not someone who is mentally unable to handle life's daily routine. I speak of people who are fit for life but who choose to do acts of immorality and hate toward others without feeling guilt. There are people who have grown so cold in this world that they are willing to mistreat those who are weaker than them and take pride in the pain of others. Make sure to be intelligent about who you meet and how close you let people get to you. Know that not every person you meet will have your best interest in mind, and you must save yourself from turmoil. There are sick people in this world.

Ten cuidado de los enfermos. Hay personas en este mundo que están enfermos. Puede que hayan desarrollado la enfermedad o tal vez la aprendieron de verla en sus padres o la gente que los rodean. Ten cuidado de que si empiezas a notar estos patrones enfermizos te alejes de ellos para que no se te pegue a ti.
La enfermedad de la que hablo es una enfermedad mental. No alguien que esta mentalmente impedido de hacer ciertas cosas de la vida diaria. Hablo de personas que están mentalmente sanas para vivir pero eligen cometer actos de inmoralidad y odio hacia otros sin sentir culpa. Hay personas que se han hecho tan frías en este mundo que están dispuestas a maltratar a los que son más débiles y sentir orgullo en el dolor de otros.
Sé inteligente sobre las personas que conoces y dejas que se acerquen a ti. Ten en cuenta que no todas las personas que se acercan a ti tienen las mejores intenciones y que debes cuidarte de dejarte enredar por otros porque hay gente enferma en el mundo.

ESP

ENFERMOS

HOLD ON

ENG

"Everybody needs something as long as it is not faith in themselves" is the story we are sold daily. People are taught that they need to look at other things or at other people to find themselves, when in reality we are born into this world with a God-given talent and purpose. You have a talent, purpose, destiny and future, so don't let anyone try to sway you away from believing that. Have faith in yourself and in your intuitions without them being skewed by someone else's beliefs.
Everyone needs something to hold on to. Make sure that whatever it is that you're holding on to is strong and won't let you fall.

RESISTE

ESP

"Todos necesitan algo, siempre y cuando no sea fe en sí mismos." A la gente le enseñan que tienen que buscar en otras personas o cosas para encontrarse a sí mismos cuando en realidad llegamos a este mundo con un don de Dios y un propósito. Tú tienes un talento, propósito, destino y futuro, así que no permitas que nadie te aleje de creer en ello. Ten fe en ti mismo y en tus intuiciones sin desviarte por las creencias de otros. Todos necesitamos algo en que creer, ten en cuenta que sea lo que sea a lo que te estás aferrando, tenga bases sólidas, para que si cae, tú no caigas también.

TREASURED MOMENTS

Treasure every moment that you're given, the good, the bad and the ugly. Every moment we are given is one which we can use to help others get through life. Life was never promised to be easy, and when you allow yourself to be used to help others, you fulfill a greater purpose than you could ever imagine. When you grow old you won't have the same young skin or the energy from your youth to show off anymore, but what you will have are experiences to share. Don't worry about the ugly in life, because that ugly may be the key to helping someone you meet out of a bad situation. Use your experiences in life as gold. When I'm old, I won't infatuate myself with trying to look young or freak out because I've outgrown my youth. I've decided to enjoy whatever life brings me and to make it a point to help others. I want to use my life experiences to help other people who have gone through similar. You can do the same.

No matter what life brings you, good, bad or ugly, use it as knowledge to help others with.

MOMENTOS ATESORADOS

Atesora cada momento vivido – los buenos, los malos y los feos. Cualquier situación que vivimos puede servir para ayudar a otros a sobrevivir la vida. Nadie nos prometió que la vida sería fácil y cuando tú ayudas a otros con tus experiencias vividas, cumplirás con un propósito mucho mayor a lo que hayas imaginado. Cuando envejezcas ya no tendrás la misma piel joven o energía de la juventud para mostrar, pero tendrás todas tus experiencias para compartir. Así que no te preocupes por las cosas feas de la vida porque esas cosas pueden ser la clave para poder ayudar a otras personas que te encuentres o para una situación mala en el futuro. Usa tus experiencias de la vida como oro. Cuando sea viejo no me voy a esforzar en verme más joven, o desesperarme porque perdí toda mi juventud. He decidido disfrutar cualquier situación que la vida me traiga y transformarla en un punto para ayudar a otros. Quiero usar las experiencias de mi vida para ayudar a otros que estén pasando por las mismas situaciones que yo pasé, y tú puedes hacer lo mismo.

No importa lo que la vida te traiga – bueno, malo o feo- úsalo como conocimiento para ayudar a otros en sus vidas.

PUT IT BACK WHERE YOU FOUND IT!

The habit of taking something and forgetting to put it back where you found it is a habit that many of us suffer from. I can hear the voice of an elder telling me not to take something unless I put it back when I'm done. This idea of returning things to their natural home, though aggravating, is important for success. In the workplace, it is important for workers to know where something is going to be and not have to go searching for it when it is needed. Wouldn't it be difficult to clean efficiently if you couldn't find your broom?

There are many examples of why putting something back where you found it is important, but most of all it is a trait of excellence. When you are responsible and efficient, you are closer to a life of excellence.

Make sure you put it back where you found it!

¡PONLO DE VUELTA DONDE LO ENCONTRASTE!

El hábito de agarrar algo y no ponerlo donde estaba es algo que muchos padecen. Puedo escuchar la voz de mis mayores diciéndome que no tome algo para usarlo a menos que lo vaya a poner donde estaba cuando termine. Esta idea de devolver las cosas a donde pertenecen, aunque molesta, es importante para nuestro éxito. En el lugar de trabajo es importante para los empleados saber dónde están las cosas y no tener que ir a buscarlas cuando una cosa, un artículo o documento particular es necesario. ¿No sería difícil barrer en tu casa si no pudieras encontrar la escoba? Hay muchos ejemplos de por qué poner algo de vuelta donde lo encontraste es importante pero por sobre todo, es una característica de excelencia. Cuando eres responsable y eficiente, estás más cerca de una vida de excelencia.

¡Asegúrate de ponerlo de vuelta donde lo encontraste!

RELIABILITY AND LOYALTY OVERLOOK EFFICIENCY

I could tell you about having employees that just didn't work out in some businesses I managed, not because they were poor workers, but because I couldn't rely on them and their loyalty was no good. In life, reliability and loyalty may overcome efficiency. You may not be the best at what you do or the best worker, but if you are a loyal and reliable person there will be people who will look over flaws in your operations.

Being reliable means showing up in hard times and being there for your employer, friends or family. Being loyal is very important as well. You can not expect to be considered a loyal person if you are a liar and find yourself being dishonest about many things. Learn to be reliable and loyal, and I promise you will shine no matter what strengths or flaws you possess.

ENG

CONFIABILIDAD Y LEALTAD SOBRE EFICIENCIA

ESP

Podría hablarte de empleados que no funcionaron por mucho tiempo en algunos negocios que manejé, no porque trabajaran mal, sino porque no eran confiables y eso no es bueno.

En la vida, la confiabilidad y lealtad importan más que la eficiencia. Puede que no seas el mejor en lo que haces pero si eres leal y confiable, habrá gente que dejará pasar tus errores porque no quieren perder a la persona confiable en la que te has convertido para ellos.

Ser confiable significa aparecer en los momentos difíciles y estar ahí para tu empleador, amigos o familia. Ser leal es muy importante también. No puedes esperar ser considerado confiable si mientes y eres deshonesto en muchas cosas. Aprende a ser confiable y leal y te aseguro que brillarás no importa que fortalezas o debilidades tengas.

GET THE FACTS BEFORE MAKING ASSUMPTIONS

ENG

In life, and especially in business, it is super super super (did I say super?) important that you get to know the facts about rumors or things you hear by word of mouth before drawing final conclusions.

It is very ignorant to talk about something as if you know it is a sure fact, when in reality your facts are wrong.

Bad evidence will never get you the verdict you need to succeed. Do not assume something is truth or fact just because you heard it. Make sure you get the facts and investigate! Once you've gotten the truth you'll be able to talk with certainty and assurance.

No one wants to be the fool with the babble mouth. Be the wise one with the truth.

ESP

APRENDE LOS HECHOS ANTES DE ASUMIR COSAS

En la vida y especialmente en los negocios es muy muy muy... ¿dije muy? importante que conozcas los hechos verdaderos detrás de los rumores o cosas que escuchas de boca en boca antes de sacar conclusiones sobre alguien o algo.

Es muy ignorante hablar de algo como si lo conocieras en verdad cuando en realidad no lo investigaste de verdad y luego te enteras que no es cierto.

Mala evidencia nunca te llevará al veredicto que necesitas para tener éxito. No asumas que algo es verdad o un hecho sólo porque lo escuchaste. ¡Investiga para tener los hechos verdaderos!

Una vez que tengas la verdad, podrás hablar con seguridad y certeza. Nadie quiere ser el tonto que balbucea, sino el que tiene la verdad.

NEVER GO TO BED ANGRY

ENG

It is better to not sleep at all than to go to bed angry. Do you really want to take the chance that your emotions may show themselves in your dreams? My dreams are sacred to me and I'd rather save them for sacred and out-of-this-world possibilities. Therefore I do my best to go to bed with good thoughts. You probably think it's funny, like "this quack wants me to have happy thoughts before I go to bed." I'm serious though! You need to not go to bed angry because those thoughts will mess with your dreams sometimes!

Your thoughts and emotions can affect your dreams, which will more than likely affect your next morning, which will affect your next day!

Don't take the chance of ruining your day by having a bad night. Try to take care of whatever situation is bringing you anger before you go to bed, and if you can't solve it, take steps to get your mind clear of anger before bed. Listen to peaceful music, read a favorite story, find images that bring you peace, like pictures of landscape, mountains, waterfalls, etc. But do not ponder on your anger!

Get your mind off of what's bugging you and sleep well. You can tackle your issue the next day, don't let it take over your night too.

NUNCA TE VAYAS A DORMIR ENOJADO

ESP

Es mejor no dormir que irse a dormir enojado. ¿O acaso quieres que tus emociones puedan aparecer en tus sueños? Mis sueños son sagrados y me gusta reservarlos para cosas sagradas o fuera de este mundo, por lo cual hago lo imposible para no irme a dormir enojado. Probablemente pienses "este loco quiere que tenga pensamientos felices antes de irme a dormir" ¡Pero lo digo en serio! Tienes que evitar irte a dormir enojado, ¡porque esos pensamientos pueden molestar en tus sueños a veces!

Tus pensamientos y emociones pueden afectar tus sueños lo cual muy probablemente afectará tu mañana siguiente, ¡Lo cual afectará tu día siguiente!

No dejes que una mala noche arruine tu día sólo porque te fuiste a dormir enojado, y Trata de solucionar cualquier problema que te esté dando rabia antes de irte a dormir, y si no puedes solucionarlo, da los pasos necesarios para aclarar tu mente de todo enojo antes de irte a dormir.

Escucha música relajante, lee tu historia favorita, encuentra imágenes que te den paz como paisajes, montañas, cascadas, etc. ¡Pero no medites en tu enojo! Saca de tu mente eso que te está molestando para que puedas dormir bien. Puedes atacar tu problema al día siguiente, no necesitas que consuma tu noche también.

BE THE BIGGER PERSON: NOT SAYING IT'LL BE EASY

Being the bigger person can be hard when you're confronted with difficult people. I think about the long term effects when I think about being the bigger person. Letting someone win a battle on Facebook or through text could save you from damage later on. Don't waste your time fighting battles that will never have a solid winner, there is no point or value!

ENG

Ser la mejor persona puede ser duro cuando te enfrentas a personas difíciles. Pienso en los efectos a largo plazo cuando trato de ser la mejor persona.
Dejar que alguien gane una batalla en Facebook o por mensaje de texto, puede salvarte de daños más adelante. No desperdicies tu tiempo en batallas que no tendrán un verdadero ganador - ¡No tienen valor!

SE LA MEJOR PERSONA - AUNQUE NO SEA FÁCIL

ESP

There is an innate feeling that people have to care about what their peers believe and think.
We should always be respectful and wise about the decisions we make.
We cannot let everyone else's opinion of us determine the direction of our lives and choices we make.
When you live with wisdom as your landing pad, you will find that respecting others' opinions is important, but honoring yours is necessary!
If you are true to your convictions, and your convictions are good for mankind, people will respect you. Don't force the respect and appreciation of others by trying to change yourself to other's desires.
You will never win the race if you're always trying to compete. Choose to be yourself, be wise, be fun, be respectful, and you will see that life will always see you through the trials that try to break you.

DON'T LIVE TO PLEASE. PLEASE TO LIVE

NO VIVAS PARA COMPLACER. COMPLACE PARA VIVIR

ESP

Hay un sentimiento innato en las personas de tener en cuenta qué es lo que sus compañeros creen o piensan.
Debemos ser siempre respetuosos y sabios de las decisiones que tomamos.
No podemos dejar que las opiniones de otros guíen nuestra vida y las decisiones que tomamos.
Cuando vives con sabiduría como tu base descubrirás que valorar la opinión de otros es importante, ¡pero respetar la tuya es necesario!
Si eres fiel a tus convicciones y tus convicciones son buenas para la humanidad, la gente te respetará. No fuerces el respeto y la apreciación de otros tratando de cambiarte a ti mismo según lo que los demás quieren.
Nunca ganarás la carrera si siempre estás tratando de competir.
Elije ser tú mismo, se sabio, se divertido y respetuoso, verás que la vida te guiará y protegerá a través de las dificultades que puedan venir.

TAKING WHAT DOESN'T BELONG TO YOU

ENG

People talk about karma and doing to others as you would want to be done to you (A.K.A. the golden rule). And I think they talk about it because you should abide by it!

Do not touch, envy, steal (etc. etc.) anything that doesn't belong to you! It will only come back to bite you. It could come in the form of financial loss, loss of life that could've been lived happily, unnecessary paranoia or stress and many other saddening, negative, and unfortunate things. You'll never have a completely happy life stealing or envying something that was never yours.

Want a real life? Earn it yourself and leave other's lives alone, because their lives and their belongings aren't yours.

TOMAR LO QUE NO TE PERTENECE

ESP

La gente habla del Karma y de hacer a otros lo que te gustaría que te hagan a ti, también conocido como la regla de oro...¡Y creo que la gente lo dice porque es algo que hay que acatar!

¡No toques, envidies, robes (etc) nada que no es tuyo! Sólo se te volverá en contra. Puede venir en forma de pérdida económica, pérdida de vida que pudo ser vivida con felicidad, paranoia innecesaria o estrés y muchas otras cosas trabadas, tristes o desafortunadas. Nunca tendrás una vida completamente feliz robando o envidiando algo que nunca fue tuyo.

¿Quieres una vida real? Gánatela por ti mismo y deja a los otros vivir sus vidas tranquilos porque sus vidas y sus cosas no te pertenecen.

RESPECT THE CHILDREN

ENG

Children can be brats and do immature things, but we need to respect them. Children have their whole lives ahead of them and have the opportunity to live beautiful lives and change the world in the process. As a grown teenager or adult, you must respect this opportunity and not ruin it for them. Some people ruin a person's childhood by physical, sexual or verbal abuse, which is a tragedy that should not take place. There are children that are victims of parental neglect, and because of this children suffer from lack of love and care. Of course, there will be children who will live a normal life (even though there is no such thing as normal) and they will not experience extreme tragedy like some, but that is because people like you and I decide to be positive role models for them. With every child you encounter, take the time to show them love and extreme care, because hey deserve it (no matter how whiney they may be).

RESPETA A LOS NIÑOS

ESP

Los niños pueden ser malcriados y hacer cosas inmaduras pero debemos respetarlos. Los niños tienen todas sus vidas por delante y tienen las oportunidades de vivir una maravillosa vida y cambiar el mundo en el proceso. Como adulto, debes respetar esta oportunidad que tienen y no arruinárselos. Algunas personas les arruinan la infancia a otros a través del abuso sexual, verbal, o físico lo cual es una tragedia que no debería suceder. Hay niños que son víctimas de negligencia paterna y por cause de esto, los niños sufren de falta de amor y cuidado. Por supuesto que habrá niños que vivirán una vida normal (aunque lo normal no existe) y que no experimentarán tragedias extremas como es el caso de otros, pero eso es porque gente como tú y yo deciden ser mentores positivos para los niños. Con cada niño que te encuentras, tómate el tiempo de mostrarles amor y extremo cuidado porque se lo merecen (no importa qué tan llorones puedan ser).

Just because you have a title like doctor, lawyer, medical examiner, or even a singer, this does not mean you are invincible. With a title, a person should realize that they are less invincible because they now have something they can lose. Some people build themselves up and think they are the best thing because they have titles, when in reality, if they make a mistake they could lose it all. Then I beg the question, what title do you have now? We must build up ourselves on good works and positive attributes, but don't get hung up on titles. Titles are great and getting educated to make yourself better at your job is great, but be sure that you are still a great person without your titles. That can never be taken away from you!

ENG

Sólo por el hecho de que tengas un título como de doctor, abogado, examinador médico o incluso cantante, no significa que seas invencible. Con un título, una persona se da cuenta que son menos invencibles porque saben que hay algo que pueden perder. Algunas personas que desarrollan y piensan que son lo mejor del mundo sólo porque tienen un par de títulos con su nombre cuando en realidad si se equivocan podrían perderlo todo, ahora pregunto, ¿qué título tienes hoy? Debemos edificarnos en buenas obras y atributos positivos pero no dependas de títulos. Los títulos son algo muy bueno y recibir educación para ser mejor en tu trabajo es genial, sólo asegúrate de que eres una gran persona también sin tus títulos, ¡porque eso es algo que nadie te puede quitar!

ESP

IT'S YOUR LIFE AND NO ONE ELSE'S

ENG

You can not live your life saying, "Oh, they did this, so I can get away with it, too." If someone did something risky, don't think you can get away with it as well. We all have our inner convictions that touch every being and entity around us, and these determine what consequences we are going to face. It is very possible for two people to do the same thing with two totally different outcomes. Life will deal each of us a different set of cards.

You have your own destiny, your own choices, and your own outcomes. You have your own failures to be had, but also your own successes to enjoy.

The minute you think your life will end up like someone else's, and you try to live your life like someone else, you've already messed up.

Your life is your own and you are going to experience it like no one else can. So make the best of it, because you are the only person who can see and experience life as YOU.

ES TU VIDA Y DE NADIE MAS

ESP

No puedes vivir tu vida diciendo "ellos hicieron esto, o sea que yo también puedo salirme con la mía." Si alguien corrió un riesgo, no pienses que tú también te saldrás con la tuya. Todos tenemos nuestras convicciones interiores que impactan a los seres a nuestro alrededor directamente, afectando las consecuencias que podamos llegar a tener. Es posible para dos personas hacer la misma cosa, pero pueden tener dos resultados diferentes. La vida nos repartirá distintas cartas a cada uno de nosotros, por decirlo así.

Tienes tu propio destino, tus propias decisiones y tus propios resultados para esas decisiones. Tú tendrás tus propios errores, pero también tus propios éxitos. En el momento que tú piensas que tu vida resultará como la de otro y tratas de vivir tu vida como la de alguien más, ya estarás equivocándote.

Tu vida es tuya y la vas a experimentar como ningún otro, así que haz lo mejor que puedas de ella porque eres la única persona que puede ver y experimentar la vida como TÚ.

Not every day feels like a happy day, but we do need to be thankful for every breath we take. Life is a blessing, and if you are blessed to live it freely, you need to be thankful for that. It is difficult to see the light at the end of the tunnel some days, and at times there seems to be no point in trying to do anything extraordinary. Sometimes lying in bed feels like the best thing to do for the day. If you have days like this, just accept it for what it is and don't stress. Take a mental break and do at least one thing you like. Go to one of your favorite places, get a milkshake, or bake some desserts to maybe lighten up your mood. Whatever you do, put all your frustrations into it and make a decision to let tomorrow be a great day. Not every day is joyful day, and that's OK.

No todos los días son felices, pero sí debemos estar felices por cada respiro que podemos dar. La vida es una bendición y si tú tienes la bendición de vivirla con libertad, debes dar las gracias por eso. Es difícil ver la luz al final del túnel a veces, y hay tiempos donde parece inútil intentar nada extraordinario. A veces echarse en la cama parece ser lo mejor que uno puede hacer en el día. Si tienes días así, simplemente acéptalos como vienen y no te estreses por ello. Tómate un descanso mental y haz al menos una cosa que te gusta. Ve a alguno de tus lugares favoritos, cómprate un batido de leche o haz algunos postres que quizás te levanten el ánimo. Lo que sea que hagas, pon todas tus frustraciones en ello y toma la decisión de dejar que mañana sea el mejor día. No todos los días son felices, y eso está bien.

MONEY

ENG

Being financially wise is just as important as being a moral person. Be careful with every penny you are given. Don't allow yourself to ever get to a point where money, even a penny, is like dirt to you.
Money is a gift that we are blessed to have, to use, and to do good with for ourselves and the people we love.
Honor money and it will honor you!
Be a person that money would be happy to meet because the money knows you'll spend it on something worthwhile. Don't go after money just to waste it.
Money is looking for wise people—be that person.

DINERO

Ser sabio con el dinero es tan importante como ser una persona con moral. Sé cuidadoso con cada centavo que tienes. No llegues al punto donde el dinero, aún los centavos, son como basura para ti.
El dinero es un regalo que tienes la bendición de recibir para usarlo, y para hacer un bien en nosotros y a la gente que conocemos. Honra el dinero, ¡Y hónrate a ti mismo!
Sé una persona que el dinero sería feliz de encontrar porque sabe que lo usarás en algo que vale la pena. No busques dinero solo para malgastarlo.
El dinero busca personas que sean sabias al usarlo- sé esa persona.

ESP

GRANDMA

ENG

Unfortunately growing up I wasn't able to get close to my grandfathers, and so I never got to hear old stories of how a man grew up in the past. I always heard great stories about my great-grandfathers, but my direct grandfathers' stories were nowhere to be heard. I was never blessed with wise counsel from my grandfathers like some of my friends were. I always had wished that I could've been given some secret insights into the future. In their absence, though, I had grandmothers. My grandmothers were strong women who worked hard and made a name for themselves, leaving a path of excellence wherever they went. The world is not fair and we don't get everything we want from family and friends, but be strong and stand your ground. My grandmothers put family above all, and I admire them for that. Not only were they successful woman in the way they loved, but they were great in the way they lived, and through that I learned to use their examples.

Thanks Grandma Benny and Carmen—Love you.

If you're blessed to have awesome grandparents, even if it is just your grandmas or your grandpas, make sure you tell them you love them today! Some grandparents aren't so loving, so make sure you treasure your grandparents if they are loving and caring individuals! (And if they aren't, well, just tell them to shape up!)

ABUELA

ESP

Desafortunadamente, al crecer no tuve la oportunidad de conocer mejor a mis abuelos y por eso nunca pude escuchar las historias de como un hombre crecía en el pasado y especialmente con algunos detalles de mi historia familiar en el medio. Siempre escuché grandes historias sobre mis bisabuelos pero las historias sobre mis abuelos directos no estaban en ningún lado. Nunca tuve la bendición del sabio consejo de mis abuelos como alguno de mis amigos, y siempre había deseado tener algunos secretos de sus perspectivas. Aunque en sus ausencias, tuve abuelas que sí estuvieron presentes. Mis abuelas fueron mujeres fuertes que trabajaron duro y se ganaron su reputación, dejando una huella de excelencia dondequiera que iban. El mundo no es justo, y no obtenemos de nuestra familia y amigos todo lo que quisiéramos, pero sé fuerte y marca tu territorio. Mis abuelas pusieron la familia por sobre todas las cosas y las admiro por eso. No sólo fueron exitosas en la manera que dieron amor, sino también en la manera en que vivieron y a través de ello aprendí de sus ejemplos para impactar a las personas que conozco cada día.

Gracias abuelas Benny y Carmen- las amo.

Si tienes la bendición de tener abuelos maravillosos, incluso si son sólo tus abuelas o tus abuelos, ¡recuerda decirles que los amas hoy! Algunos abuelos no son afectuosos, ¡así que aprecia a tus abuelos si lo son! (Y si no lo son, pues, ¡diles que lo mejoren!)

ALWAYS HAVE A CHARGER NEAR BY

ENG

I can't tell you how many times I've been talking on my phone and suddenly it goes out and I realize that my phone has lost power. This can happen in our lives too. We get so wrapped up that we forget to keep the important people and things in our lives that give us 'power'. When life is good or terribly bad, don't forget to keep the chargers in your life nearby. The same way you need a power cord to charge a device or cell phone, you will need the advice and counsel from wise people when you are making decisions. Sometimes there are things that operate as chargers, like motivational books, exercise equipment, etc. Keep these things around you at all times! Don't leave home without your chargers!

SIEMPRE TEN UN CARGADOR CONTIGO

ESP

*N*o puedo ni contarte la cantidad de veces que estaba hablando por teléfono y de repente se apaga y me doy cuenta que se quedó sin batería. Esto también puede pasarnos en la vida. Nos quedamos tan atrapados en nuestra vida que olvidamos que tenemos a la gente importante y las cosas importantes que nos dan "energía".
Cuando la vida va bien o terriblemente mal, no te olvides de mantener tus cargadores de la vida cerca tuyo. De la misma forma que necesitas un cargador para el celular, necesitarás consejo de gente sabia cuando tomas decisiones. A veces hay cosas que operan como cargadores, como libros de autoayuda, equipos de gimnasia, etc. ¡Mantén esas cosas cerca de ti siempre! ¡No dejes tu hogar sin tus cargadores!

RIGHTEOUSNESS DWELLS WITH PEACEMAKERS

ENG

You need to be a peacemaker if you want to live righteously. Don't be a person looking for problems or causing them with gossiping or acting immaturely. Take your energy and bring peace wherever you go. When you walk into a room, people should see you as a beacon of light and they should be attracted to you. You create this aura by being righteous. Bringing peace is as simple as avoiding drama. Some people feed off of drama and can't live without it. Are you someone who LOVES drama? If you are someone who lives for problems and dramatic climaxes, I can assure you that your wishes will only bring you a life of misery. While you are young you can tolerate what life throws at you and people may put up with your nonsense, but as life goes on people will grow weary of you and you will become like an old newspaper that people won't ever want to read again. Learn to bring peace wherever you go so that those around you will look to you for counsel and positive energy in this sometimes not-so-positive world!

LA RECTITUD MORA CON LOS PACIFICADORES

ESP

Tienes que ser un pacificador si quieres vivir con rectitud. No seas una persona problemática o chismosa o inmadura. Usa tu energía para llevar paz dondequiera que vayas. Cuando entras en un lugar, la gente debería verte como un faro de luz y deberían sentirse atraídos hacia ti. Tú logras esto actuando con rectitud. Ser pacificador es simplemente evitar el melodrama. Algunas personas están llenas de melodrama y no pueden vivir sin él. Hazte esta pregunta, ¿Eres de esas personas que AMAN el dramatismo? Si eres una de esas personas que viven de los conflictos y los clímax de melodrama, te aseguro que tus deseos solo te traerán una vida de miseria. Cuando eres joven puedes tolerar lo que la vida te arroja y la gente puede tolerar tu teatro pero conforme la vida avanza, la gente empieza a darse cuenta que cómo eres y tú te conviertes en un diario viejo que nadie quiere volver a leer. ¡Aprende a llevar paz dondequiera que vayas para que puedas ser justo y las personas a tu alrededor te busquen para recibir consejo y energía positiva en este mundo no siempre tan positivo!

WHEN A DOOR CLOSES

When one door closes in your life and another opens, make sure that the door that you closed is closed ALL the way! Tie up all your loose ends and relations with the closed door and walk with freedom into your new opportunity. There is no need to carry unnecessary baggage through your new doorway. It is never beneficial to walk into a new opportunity when the one you're leaving was never reconciled.
Close that door SHUT before you open the new one!

ENG

CUANDO UNA PUERTA SE CIERRA

Asegúrate de que cuando una puerta se cierra en tu vida y otra se abre... ¡que la puerta que se cerró este BIEN cerrada!
Ata los cabos sueltos que estén pendientes con la puerta que se cerró y camina hacia adelante con libertad hacia tu nueva oportunidad. No hay necesidad de cargar con valijas del pasado innecesarias hasta tu nueva puerta. Nunca es beneficioso entrar en una nueva etapa cuando la que estás dejando nunca fue concluida en primer lugar.
¡Cierra esa puerta completamente antes de abrir una nueva!

ESP

MAKE THE MOST OF YOUR TIME.

There is no time to waste. We need to take every moment we're given and treasure it. So many people are taking life for granted every day and WHY? Why do we do this to ourselves? It is important that we live every moment in our lives knowing that the next moment is not promised. So in every breath, inhale with passion, pray every night with angst, walk every day with the desire to explore and be ALIVE! Enjoy this life you have been gifted.
Life is a gift we take a long time to open!

TIEMPO

APROVECHA AL MÁXIMO TU TIEMPO.

No hay tiempo que perder. Debemos tomar cada momento que tenemos y atesorarlo. Hay tantas personas que desestiman el día a día y ¿POR QUÉ?
¿Por qué nos hacemos esto a nosotros mismos? Es importante que vivamos cada momento de esta vida sabiendo que el siguiente momento no está asegurado. Así que toma cada respiro apasionadamente, ora cada noche con angustia, cada día con el anhelo de explorar y ¡Estate VIVO! Disfruta la vida que has recibido.
¡La vida es un regalo que nos toma tiempo abrir!

HUMILITY

ENG

It is important to remain humble. You may be great at many things, and you may know it, but be careful how you flaunt it. Be wise about when you decide to publicize your special powers. The things you are really good at should be kept inside until the right time has come to share them with the world, because when you use them you want them to be appreciated and respected.

You may be someone who is still figuring that out, but when the time comes for you and you know your passion, be humble about it. Be patient and be open to possibilities that only practice and humility will bring. Use the time it takes for you to show the world your gift carefully. Humility is the key to being a superhero.

HUMILDAD

ESP

Es importante mantenerse humilde. Puede que seas muy bueno en muchas cosas y saberlo pero ten cuidado de no presumirlo. Sé sabio cuando decides dar a conocer tus súper poderes, por decirlo así. Los talentos que tienes deben mantenerse escondidos hasta que llega el momento justo para compartirlos con el mundo porque cuando los uses querrás ser apreciado y respetado.

Puede que seas alguien que todavía está descubriendo eso pero cuando el tiempo llegue para ti y conozcas tu pasión, sé humilde al respecto. Sé paciente y abierto a posibilidades que sólo la práctica y la humildad te traerán. Tómate el tiempo que sea necesario para mostrarle al mundo tu don con cuidado.

La humildad es la clave para ser un súper héroe.

QUIET THE THOUGHTS THAT CROWD YOUR MIND

ENG

Sometimes when I'm stressed I take a breath and say "woosah."
You need to find the stress release valves in your life. There is nothing 'cooler' than meeting someone who can keep their 'cool' when nothing around them seems to be going right.

I feel like I could pop a nerve every once in a while, but when I feel my mind swelling up, I compose myself and breathe, or maybe go take a walk or a run. Remember your body needs sleep and water, so if you are lacking those things, you are already starting off on the wrong foot.

Fill up on the necessities of water, rest, stress-free people and a clear mind.

CALMA LOS PENSAMIENTOS QUE LLENAN TU MENTE

ESP

Wusah Wusah Wusah
A veces cuando estoy estresado, me tomo un respiro y digo "wusah". Tú necesitas encontrar tus liberadores de estrés para que cuando estés pasando por momentos frenéticos en tu vida, puedas mantener la calma. No hay nada mejor que pasar el tiempo con gente que puede mantener la compostura aún cuando las cosas le salen mal.

Yo siento que podría irritarme de vez en cuando pero cuando siento que mi cabeza está por explotar, me recompongo y me tomo un respiro, o quizás salgo a caminar o a correr. Recuerda que tu cuerpo necesita descanso y agua, así que si te faltan esas dos cosas, ya estás empezando mal.

Satisface tus necesidades de descanso, agua, compañía desestresante y una mente clara.

DON'T OVERTHINK

Remember when teachers would say to go with your first instinct when choosing a multiple choice answer?

Well, I'm not going to say that always works (I know from experience), but I will say you need to apply that principle to your life.

When you make a decision or a choice, try to stick with it. It is not good to be a flip-i-ty flop-t-ty person when making decisions. When you feel a decision come to your heart and soul, choose to go with it.

Your first decision may be wrong, but be sure that you stick with what you choose until you have been completely proven wrong. This will help make you more mature and on top of yourself. You'll realize that you need to make smart decisions all the time because your first decision is the one you're going to stick with!

ENG

NO LO PIENSES DEMASIADO

ESP

¿Recuerdas cuando tus maestros solían decir que vayamos con nuestra primera intuición cuándo resolvíamos un examen de opciones múltiples?

Bien, no voy a decir que eso siempre funciona (lo sé por experiencia) pero sí diré que necesitas aplicar ese principio en tu vida.

Cuando tomas una decisión o elección, trata de sostenerla. No es bueno ser una persona cambiante cuando tomamos decisiones. Cuando sientes que una decisión nace en tu corazón y tu alma, elije sostenerla y no cambiar tu parecer.

Puede que tu primera decisión esté mal, pero trata de sostener tus elecciones hasta que hayas comprobado completamente el error antes de dar vuelta la página de tu vida.

Esto te ayudará a ser más maduro y a autosuperarte, ¡porque te darás cuenta que necesitas tomar decisiones sensatas todo el tiempo porque será la decisión que sostendrás!

YOU AREN'T WHERE THEY CAME FROM

ENG

Just because your parents or your family overcame an obstacle doesn't mean that you need to put yourself through that same obstacle.
If your parents came from poverty, but now have gotten themselves out of poverty and they've shown you a better life, accept it! Help your family's legacy in growing into a better future. Do not think that you need to struggle or go through the things your ancestors went through to get further in life. If your parents were drug addicts or your family were thugs, that doesn't mean you have to follow in the same footsteps. Yes, you may have the same blood, but you have new knowledge. You need to use your new knowledge to get further and do greater things with the time you have been given! Do not try to go back in time and know what it felt like to be your parents or your family members, because those were their lives. You are meant for something different. If you didn't live it yourself, don't try to force it into your life just so you can say you did it.

TU NO VIENES DE DONDE ELLOS VINIERON

ESP

Sólo porque tus padres o familia vinieron de un lugar u obstáculo, no significa que debas ponerte a ti mismo en ese mismo obstáculo o situación.
Si tus padres vivieron en la pobreza, pero lograron salir de ella y mostrarte un estilo de vida mejor, ¡Acéptalo! Ayuda al legado de tu familia a seguir creciendo a un mejor futuro. No pienses que necesitas soportar o atravesar las mismas cosas que tus ancestros atravesaron para llegar más lejos en la vida. Si tus padres fueron drogadictos o tu familia era de matones, no significa que tú tengas que seguir el mismo camino. Sí, puede que tengas los mismos genes, pero tienes también nuevo conocimiento que tus padres no tenían. ¡Necesitas usar tu nuevo conocimiento para alcanzar cosas mayores y superiores durante el tiempo que tienes en la Tierra! No vayas atrás en el tiempo y trates de entender lo que se sentía ser como tus padres o tu familia porque esas fueron sus vidas, tú estás para algo diferente.
Si no lo viviste tú mismo, no lo fuerces en tu vida sólo para decir que "lo lograste".

ACT ON IT

When something's on your mind, don't ignore it, act on it!
When your mind is filled with thoughts of things you are going through in life, do not ignore them! Your mind is a great tool that can kill you or build you up. Use your mind to your advantage. Take every calculated and un-calculated thought as a piece of a large puzzle you're slowly putting together. The more you understand your thoughts and take them seriously the better you'll be at putting the final puzzle masterpiece together!

ENG

HAZ ALGO AL RESPECTO

Cuando tienes algo en mente, no lo ignores, ¡Haz algo al respecto!
Cuando tu vida está llena de pensamientos sobre las cosas que te pasan en la vida, ¡No las ignores! Tu mente es una gran herramienta que puede matarte o edificarte. Usa tu mente para tu beneficio. Toma cada pensamiento calculado y no calculado como la pieza de un gran rompecabezas que estás armando de a poco. Cuanto más vas entendiendo tus pensamientos y a tomarlos en serio, ¡mejor vas a estar cuando llegues a poner la pieza maestra final!

ESP

TAKE CHANCES

ENG

Don't be afraid to take chances! Break through your limitations and take on the challenges!
Many people go to their jobs with the same attitude they had the day before. How can you expect to grow as a person if you don't actively change something in your everyday routine? Push yourself every day to make each moment better than any moment you've had before. To do this you may need to do things you haven't done before. Don't be scared of change, and don't be scared to take on new challenges! Walk into everything saying, "I CAN DO IT."
Remember, if you don't believe in yourself, you can't expect anyone to believe in you. If you don't decide to take on new opportunities that come your way, who will? Don't think less of yourself, don't think you're incapable, and never fear!
No need to fear when life's path seems unclear.

¡No tengas miedo de aprovechar las oportunidades! ¡Rompe con tus limitaciones y toma las oportunidades!
Mucha gente va a sus trabajos con la misma actitud que tuvieron el día anterior. ¿Cómo esperas crecer como persona si no cambias activamente algo de tu vida cada día? Impúlsate a ti mismo para hacer de cada momento mejor que los anteriores. Para lograr esto, quizás tengas que hacer cosas que nunca habías hecho antes. ¡No tengas miedo de cambiar y no temas agarrar nuevos desafíos! Avanza hacia las cosas diciendo "YO PUEDO". Recuerda, si tú no crees en ti mismo, no puedes esperar que nadie más crea en ti. Si tú no decides tomar las nuevas oportunidades que te llegan, ¿Quién lo hará? No pienses menos de ti mismo o que eres incapaz y por último, ¡No temas!
No hay necesidad de tener miedo cuando el camino de la vida es incierto.

ESP

TOMA LAS OPORTUNIDADES

ENG

WHEN YOU BREAK DOWN

When you break down, be smart about where you do it. Not everyone will show you love or help you to heal.
This is a big deal because if you break down with the wrong people ,or in the wrong place, it could hurt your future recovery. The best place to break down is in your laundry room, and if you don't have a laundry room, go somewhere clean. If you break down in a place where things are meant to be cleaned, you won't think about dirt or disgust when you're going through your breakdown. Rather, you'll think about how something goes from dirty to clean (negative to positive).
Be careful where you have your breakdown, so that you can make it safely to your recovery.

CUANDO ROMPES EN LLANTO

ESP

Cuando rompes en llanto, sé sabio acerca de dónde lo haces. No todos van a mostrar amor y apoyo para que te sientas mejor.
Esto es algo importante porque si rompes en llanto con las personas equivocadas o en el lugar equivocado, podría dañar tu recuperación futura. El mejor lugar para romper en llanto es en tu lavadero o tu lugar de limpieza. Si te pones a llorar en un lugar donde las cosas deberían estar limpias, no pensarás en las cosas sucias o te disgustarás por tu depresión, sino que pensarás en cómo las cosas pasan de sucias a limpias (negativo a positivo).
Ten cuidado donde lloras para que sea un lugar que te ayude a recuperarte.

NO COMPETITION OF FAMILY [ENG]

Don't use your family to compete or try to top your own family. There is enough competition in the world, and choosing your family to compete with is not smart or going to benefit you in the long run. Having family is like having a little government or army. Together you can make decisions, together you can fight, together you can protect and nurture, but apart you are bound to suffer. Don't use your family as a way to compete, use your family to feel more complete.

[ESP] NO COMPETIR EN LA FAMILIA

No uses a tu familia para competir o superar a tu propia familia. Hay suficiente competencia en el mundo y elegir competir con tu familia no es algo inteligente o que te beneficiará a largo plazo. Tener una familia es como tener un pequeño gobierno o ejército. Juntos pueden tomar decisiones, juntos pueden luchar, juntos pueden proteger y cuidar, pero separados están expuestos a sufrir. No uses a tu familia como competencia sino usa a tu familia para sentirte más completo.

ENG

EARLY PUBLICITY IS GOOD PUBLICITY

*I*f you've got something going on or coming up, don't be scared to talk about it! Let's say you've got a big game coming, or you're writing a book, don't be scared to talk about it! Don't be boastful, but do be confident in yourself and in your work. It's smart to speak about these things because when you tell people what you're doing, they will be able to help support you on your way! Don't be boastful, but do be confident in everything you're working on!

ESP

PUBLICIDAD ANTICIPADA ES BUENA PUBLICIDAD

*S*i tienes algo sucediendo o por suceder, ¡No tengas miedo de hablarlo! Digamos que tienes un gran juego pronto o estás escribiendo un libro, ¡No tengas miedo de hablar al respecto! No seas jactancioso pero sí seguro de ti mismo y de tu trabajo. Es inteligente hablar de estas cosas porque cuando le cuentas a la gente que las estás haciendo, ¡ellos te ayudarán! No seas jactancioso pero si confiado en las cosas que emprendes.

DON'T BEAT AROUND THE BUSH

ENG

A situation comes up and you need to confront someone...
You postpone and postpone...
And you don't say anything, and it builds up. And when you do say something, all that emotion is so built up that you can't get your point across.
Just say it!
If you've got something to say to someone that is valid, and you have the chance to discuss the topic with that person, then do it! Of course, there are issues that are personal or serious, and in those cases you should speak in private. It is always great to have the help of a trustworthy third party who can be there as a witness of the situation, or record it on your phone or on your laptop. Beating around the bush is never a good way to get through life, but tackling the situation as quickly as possible will help give you relief.
Don't beat around the bush. Just say it!

NO DES VUELTAS

ESP

Llega una situación y tienes que enfrentar a alguien...
Lo pospones y lo pospones...
¡A veces hasta el punto de no decir nada o cuando dices algo tienes todos estos sentimientos acumulados que no puedes ir al punto!
¡Sólo dilo!
Si tienes algo que decirle a alguien que tiene validez y tienes la puerta abierta para discutirlo con esa persona - ¡Hazlo! Por supuesto que hay temas que son delicados o serios y que debes discutirlos en privado. Siempre es bueno tener la ayuda de una tercera persona de confianza que puede estar ahí como testigo, ¡o grabarlo en tu teléfono celular o en tu laptop! Dar vueltas nunca es una buena manera de ir por la vida, pero enfrentar la situación tan pronto como sea posible te dará la liberación que necesitas para vivir una vida en paz.
No des vueltas. ¡Dilo!

HAVING CHILDREN IS SERIOUS - VERY VERY SERIOUS

Don't make adult decisions until you can mentally, physically, financially, and spiritually handle them.

Having a child is one of those big adult decisions that many teenagers have decided to take upon themselves in our generation. No child deserves to be brought into the world without proper preparation, but it still happens. No child is worthless because they are brought into the world this way, we just know as human beings that every child deserves a prepared life! No parent deserves the feeling of not being a good enough parent, either! Every parent should know what it feels like to be the best parent and to have their kids say, "You are the best dad or mom in the world."

So be prepared when making adult decisions, and know that if you are already a young parent, the opportunity for you to be a great parent is still possible! You don't have to let your surroundings determine your victory! If you haven't been the best young parent, you can be the best one starting today! There are so many tools online and in the library to help you learn about life in general, and I know that the potential is within us to be a generation that loves more and takes care of children better than the past generations have done. Be knowledgeable about the outcome of our actions and know that each of us face the same rules of life but our results will be different. One of the best decisions you can make is to decide to have a child when the time is planned out right. As a new generation, we understand people more and know that our world is changing. We accept the world for it's changing atmosphere!

No tomes decisiones adultas hasta que puedas manejarlas mentalmente, físicamente, económicamente y espiritualmente.

Tener un hijo es una de esas grandes decisiones adultas que muchos adolescentes han tomado la decisión de hacer en esta época. Ningún niño merece ser traído al mundo sin la preparación apropiada, pero aun así sucede. Ningún niño es tan insignificante para ser traído al mundo de esta manera, como seres humanos sabemos que todo niño merece una vida preparada cuando entran en el mundo porque es la mejor opción para un bebé. ¡Ningún padre merece sentirse que no es lo suficientemente bueno tampoco! Todo padre merece saber lo que se siente ser el mejor padre y que sus niños les digan "eres el mejor papá o mamá del mundo"

Por lo tanto, estate preparado cuando tomas decisiones adultas y si ya eres un padre joven, ¡La oportunidad de ser un gran padre todavía es posible! ¡No dejes que las circunstancias determinen tu victoria! Si no has sido el mejor padre joven, ¡Puedes empezar hoy! Hay tanto material en línea, y en la biblioteca para ayudarte a aprender sobre la vida en general y yo sé que tenemos el potencial de ser una generación que ama más y cuida a sus hijos mejor que las generaciones anteriores. Como nueva generación, entendemos mejor a la gente y sabemos que el mundo está cambiando, ¡Y aceptamos esos cambios!

Trata a los niños de esta generación como el futuro, ¡y te darás cuenta que seguirán con un legado positivo cuando sean grandes!

ESP

TENER HIJOS ES ALGO SERIO - MUY MUY SERIO

HUMAN RIGHTS

We all come into the world breathing the same air from the same atmosphere, so what makes you better than anyone else?
Every human deserves the benefit of trying to make a great life for themselves. There are countries in which women and children are not respected. or where women do not have the same rights as men.
Both sexes, and children, have a lot of great attributes, ideas, and perspectives that can elevate any society. We need to give everyone respect and a fair chance to have a great life.
A great life is each person's natural born human right.

ENG

DERECHOS HUMANOS

Todos venimos al mundo respirando el mismo aire de la misma atmósfera, entonces, ¿Qué te hace mejor que los demás?
Todo ser humano merece el beneficio de poder hacer una mejor vida para sí mismos. Hay países donde las mujeres y los niños no son respetados o donde las mujeres en general no tienen los mismos derechos que los hombres.
Ambos sexos y los niños tienen grandes atributos, ideas y perspectivas que pueden elevar a la sociedad. Debemos darle respeto a todos y la oportunidad justa de tener una mejor vida.
Tener una gran vida es el derecho humano natural de cada persona.

ESP

SUPER CANSADO

SUPER TIRED

There is a such thing as super tired. Super tired is when you can't feel your brain but yet you must keep on working! Don't allow your body to overcome your mind, but your mind to overcome the sensations in your body to quit. Quitting is never an option, and even in moments when we are so tired we literally feel that we may explode in exhaustion, do not quit. There will always be moments to relax and be lazy, but it is rare when we are asked to go above and beyond the normal call of duty, and in these moments we must allow ourselves to shine! Super tired is just a mindset, don't let it get to you!

Existe algo así como súper cansado. Súper cansado es cuando no puedes sentir tu propio cerebro ¡pero debes seguir trabajando! No permitas que tu cuerpo supere a tu mente sino que tu mente supere las sensaciones de tu cuerpo de rendirse. Rendirse nunca es una opción e incluso a veces cuando literalmente sentimos que vamos a explotar de cansancio – no te rindas. Siempre habrá momentos de relajarse y ser vagos, pero son excepcionales los momentos cuando se nos requiere más allá de lo normal para un día de trabajo, ¡Y en esos momentos debemos brillar!
Súper cansado es un estado mental - ¡No dejes que te alcance!

THANKFULNESS

ENG

I'm writing this on the first night of one of my humanitarian trips to Honduras. I know that this will later be only a page of some of the best memories of my life.

I will look back at these words and see glimpses of this trip and only hope to repeat it over and over again in the future. We are in the mountains of a village called Lepaterique, and we are resting after a very long day. We handed out gifts, food, toys, clothes and more to the children and families that came. A great deal of medicine was given away as well. What a joy it was to see the people of Honduras. There was a lot of need, and we actually had security with us on this trip because the country has recently gone through some violent times. While we were sacrificing to help the people in need, the Honduras government assisted us with army officials to watch over our trip. It was a continual circle of assistance! We must always be like that in our lives too. When there is an opportunity to help or assist people, we must try to extend ourselves. Sometimes you may be taken advantage of, and the reward for your kind works will not be shown immediately. Our reward for extending love to others comes in the simple fact that we are changing lives for the positive, giving them hope for a better tomorrow.

Extend yourself today to show more people love, and allow other's lives to be changed by your generosity!

Escribo esto en la primera noche de uno de mis viajes comunitarios a Honduras. Y sé que mientras escribo esto sólo será una hoja de papel con algunos de los mejores recuerdos de mi vida. Recordaré estas palabras y veré imágenes de este viaje y desearé hacerlo una y otra vez más en el futuro. Estamos en las montañas de una ciudad llamada Lepaterique y descansando después de un largo día. Dimos regalos, comida, juguetes, ropa y más a los niños y las familias que vinieron. Una gran cantidad de medicina fue entregada también. Qué alegría fue ver a la gente de Honduras. Había mucha necesidad, y de hecho teníamos seguridad con nosotros en el viaje porque recientemente hubo oleadas de violencia en el país. Mientras nosotros nos sacrificábamos para ofrecer ayuda a la gente necesitada, el gobierno de Honduras nos asistió con oficiales del ejército de Honduras para cuidarnos durante el viaje. ¡Era asistencia durante todo el día! Nosotros también debemos ser así en la vida. Cuando hay una oportunidad de ayudar o asistir a la gente, debemos tratar de extendernos. Puede que a veces se aprovechen de nosotros pero la recompensa por nuestras buenas obras no será inmediata a veces. Nuestra recompensa por extender amor a otros viene en el simple hecho de afectar positivamente las vidas de las personas, dándoles esperanzas para un mejor mañana. Extiéndete hoy mismo a mostrarle a más personas amor ¡y permite que la vida de otros sea transformada para bien a través de tu generosidad!

ESP

GRATITUD

WORK VS. RELAXING

ENG

Be wary of people when they tell you to relax. Yes, I know we all need to relax, but we do not need to forget about work. The best time to relax is when the job is done! There is no relaxing in having to think about what still needs to be finished, or what schedule you have coming up. Be smart when you relax. Do it when you really can rest your mind, and don't let people try to move you to become a slower person. There will be people who will purposely want you to slow down to their level so they'll tell you to relax. When these people do this, just smile and say, "OK, I will", and go on finishing your job. When you are done, send those people a little message again saying, "Finally, I am relaxing because I got my job done and didn't stop". They will probably take the credit for telling you to relax, but we both know that you relaxed on your time, not theirs. Get the job done - then relax.

TRABAJO VS. DESCANSO

ESP

Ten cuidado cuando la gente te diga que te relajes. Sí, debemos relajarnos, pero no debemos olvidarnos de trabajar. ¡El mejor momento para relajarse es cuando el trabajo está terminado! No hay descanso cuando todavía estás pensando en lo que falta hacer o las tareas por venir. Sé inteligente cuando te relajas. Hazlo cuando realmente puedas descansar tu mente y no dejes que otros traten de hacerte un haragán. Habrá personas que deliberadamente querrán disminuirte a su nivel, por lo que te dirán que te relajes. Cuando esta gente hace eso, sólo sonríe y di "Está bien, lo haré" y sigue con tu trabajo. Cuando termines con todo, envíales a esas personas un mensaje diciendo 'Finalmente, estoy descansando porque terminé mi trabajo y no paré.' Probablemente pensarán que les diste el crédito por decirte que descanses pero tú y yo sabemos que descansaste en tus propios tiempos, no los de ellos, porque terminaste lo que tenías que hacer primero.
Termina tu trabajo- después descansa.

COURTESY

ENG

Courtesy is moving to the standing side on the escalator at the airport if you're just going to stand. Courtesy is helping weaker people carry heavy luggage Courtesy is a very simple thank you and you're welcome. Courtesy is a smile. A smile will help keep you younger! Be courteous.

CORTESÍA

ESP

Cortesía es correrse a un lado de la escalera mecánica en un aeropuerto si sólo te vas a parar. Cortesía es ayudar a la gente más débil con sus valijas pesadas si lo necesitan. Cortesía es un simple gracias y de nada cuando haces o recibes algo en la vida. Cortesía es una sonrisa. ¡Una sonrisa te mantendrá joven! Se cortés.

DON'T BE AFRAID TO BE A LEADER

Don't be afraid to be a leader. Don't be afraid to be the person at the front of line. Don't be afraid to be the contact person.

Sometimes we are thrust into leadership, and we have to make the decision to be the one in the spotlight.

The initial stretch of your mind may be intense, but use the time as a learning experience and be positive. That can be the hardest part about being thrust into any type of leadership position—the negative or positive attitude you decide to have.

Whether it's leading a family, or leading a business, you must maintain a positive and optimistic attitude. Your fears will find you, so have none.

ENG

NO TENGAS MIEDO DE SER LÍDER

No temas ser líder. No tengas miedo de ser la persona al frente de la línea. No tengas miedo de ser la persona de contacto. A veces somos impulsados al liderazgo y tenemos que decidir ser la persona en el centro de la atención. El ejercicio mental al principio puede ser intenso pero úsalo como una experiencia de aprendizaje y sé positivo. Eso puede ser lo más difícil de ser empujado a cualquier puesto de liderazgo – la actitud positiva o negativa que tu decides tener. Ya sea dirigir una familia o un negocio- debes mantener una actitud positiva y optimista. Tus temores te encontrarán – así que no temas.

ESP

BE YOU AND BE HAPPY FOR THEM

ENG

Remember you must live your own life and not expect others to do life how you did it or you to do it how they do it. Be happy for people and you will see those positive vibes come back to you. Even if your friends are having success and you find yourself hitting a dark wall, make sure to keep appreciating where your friends are going. Being happy for others' success is like you being successful, because your friends will see that you are worthy of greatness even during dark times. Do not try to tell people how to do things if they don't ask you for your advice, just let people live their lives and congratulate them if what they do works out for them. Be happy for others. They'll be happy for you. Everyone leaves happy.

ESP

SE TU MISMO Y ALÉGRATE POR LOS DEMÁS

Recuerda que debes vivir tu propia vida y no esperar que todos hagan la vida como tú la hiciste o hacerla tú como otros la hacen. Alégrate por las personas y recibirás esa misma vibra positiva de regreso. Incluso si tus amigos están teniendo éxito y tú la estás pasando mal, alégrate por lo que tus amigos están viviendo. Estar feliz por otros es como tener éxito porque tus amigos verán que eres digno de confianza aún en tus peores momentos. No trates de decirle a otros como hacer las cosas si no te lo piden, deja a la gente vivir sus vidas y felicítalos si les va bien. Alégrate por los demás- ellos se alegrarán por ti- todos contentos.

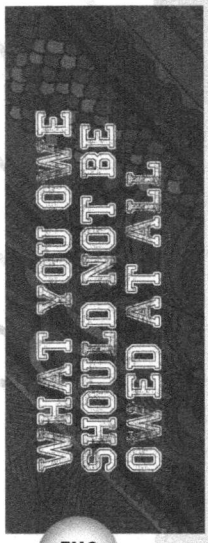

WHAT YOU OWE SHOULD NOT BE OWED AT ALL

ENG

One part of success, especially financially, is controlling all the bills you owe. Get rid of them as soon as possible! Pay them biiiillllllllss! You may have things you're making payments on, but those small handouts you've taken, those are the ones you should pay back quick!

There's nothing more annoying than a company or person nagging you for a small amount of money. Take care of the small bills and your mind will have space to tackle the larger scale purchases.

NO TENGAS DEUDAS

ESP

Una parte del éxito, especialmente económico, es controlar las deudas que tienes. ¡Deshazte de ellas cuanto antes! ¡Paga las cuentaaaaaasss!

Puede que tengas cosas que pagar en cuotas pero esas pequeñas cuentas que tienes y que debes - ¡esas son las que debes pagar pronto!

No hay nada más molesto que alguien llamándote una y otra vez por una cierta cantidad de dinero. Deshazte de las pequeñas deudas y en tu vida habrá más espacio para atacar las compras a gran escala que querrás hacer más adelante en la vida.

PAY IT BACK

ENG

When someone helps you pay off your bills or helps you through rough times, you should return the favor if that person asks you for a favor in return.
There should be a mutual acceptance that you will return the favor to someone who has helped you. This lifestyle will help keep the world balanced.
Follow this diagram:
If A helps B, then B should help A, which in reality means that A is helping itself and B is helping itself, which means everyone wins!

Cuando alguien te ayuda a pagar tus deudas o te ayuda en los tiempos difíciles, deberías devolver el favor más adelante si esa persona te lo pide. Debería haber una aceptación neutral del hecho de devolver el favor a las personas. Este tipo de estilo de vida mantiene al mundo equilibrado.
Sigue este diagrama:
Si A ayuda a B, entonces B debe ayudar a A lo cual en realidad significa que A se está ayudando a sí mismo y lo mismo hace B, entonces ¡todo el mundo gana!
El Karma existe- ¡Así que devuelve los favores!

ESP

DEVUELVE LOS FAVORES

PREPARE TODAY FOR YOUR BLESSING TOMORROW

*I*f you want to be a millionaire, make sure that you know how to check your checkbook and balance your bank account. Why? Because if you are not prepared to handle money, the money won't come to you.

If you want to be a police officer, doctor or social worker, you must prepare. Now that you are young, prepare for when you are an adult. No good works will come to people who do not prepare themselves.
Prepare yourself for great things!

PREPÁRATE PARA LAS BENDICIONES DE MAÑANA

*S*i quieres ser millonario, asegúrate de saber cómo manejar una chequera y el balance de una cuenta bancaria. ¿Por qué? Porque si no sabes cómo manejar el dinero, el dinero no vendrá a ti.

Si quieres ser un policía, médico o trabajador social- debes prepararte. Ahora que eres joven, prepárate para cuando seas adulto. Nada bueno viene para los que no se preparan.
¡Prepárate para grandes cosas!

FAMILY PATTERNS

ENG

It is not a coincidence that in some families there are a slew of doctors or, on the other hand, a bunch of alcoholics. There are patterns in each person's family that you must become acquainted with.
This will help you deal with families on a larger scale, and help you understand people within a family.
Each pattern will be different, and your family may be unique.
Be vigilant of these family patterns so that you better yourself in wisdom and understanding when dealing with families as a whole.
What's your family pattern? Think about your family pattern. Maybe it is negative, maybe it is positive. Maybe your family changes a lot. Whatever your family pattern is, just know that if you work towards a positive family pattern, the generations after you will create a more positive family pattern.

PATRONES FAMILIARES

ESP

No es coincidencia que en algunas familias hay un montón de médicos, o por el contrario, un montón de alcohólicos. Hay patrones familiares que debes tener en cuenta. Esto te ayudará a lidiar con familias a gran escala y te ayudará a entender a las personas de una familia.
Cada patrón será diferente y tu familia será diferente a todas las demás. Estate atento a estos patrones para que crezcas en entendimiento y sabiduría cuando lidies con los miembros de tu familia.
¿Cuál es el patrón de tu familia? Piensa en tu modelo familiar, y si está más inclinado a lo positivo o a lo negativo, o quizás aún se está desarrollando si tienes una familia que cambia mucho. Cualquiera sea el patrón familiar, ten en cuenta que si desarrollas un modelo positivo, las generaciones futuras crearán un modelo aún más positivo basados en el modelo que tú legaste.

TIP

Something that people forget about doing is leaving a tip.

You may not think that leaving a tip is a big deal, but it's very important for the livelihood of many individuals. I always leave a tip for meals, for valets at hotels, and even at hotel rooms for the room service staff. People who work in restaurants work on wages as little as three dollars an hour, or even less sometimes, and tips are their only way of making money. I have worked as a server, so I know that getting a good tip when my service is great is like getting a gift on Christmas morning! I leave tips for anyone who really helps me with any type of burdensome task. It's like planting a seed.

You are helping give someone hope that they should continue working hard and assisting others. If I know that I've made the trash pile grow, or I haven't fixed the bed sheets in my hotel room during a night on tour, I always try to leave a tip for the room service staff. Can you imagine how hard it is to work every day cleaning up after someone else? For me, it was humbling to clean someone's mess after they ate at the restaurant where I worked. Some people are super messy and leave no tip, and I decided one day that I didn't want to be that person. So if you care about people and want to keep the cycle of generosity going around the world, learn to tip well!

Algo que la gente se olvida de hacer es dejar propina. Puede que no creas que dejar propina es importante pero es muy importante para el sustento de muchas personas. Siempre dejo propinas para meseros, botones de hoteles e incluso para el servicio del hotel. Gente que trabaja en restaurantes ganan tan poco como 3 dólares la hora o menos a veces, y las propinas son la única manera de hacer dinero. Yo he trabajado como mesero en el pasado, por eso sé que ganar una buena propina cuando haces un buen trabajo ¡es como ganar un regalo de Navidad! Yo dejo propinas para todos los que me ayudan con algún tipo de carga porque es como sembrar. Ayudas a alguien a tener esperanza en seguir trabajando duro y ayudando a otros. Si yo sé que aumenté la pila de basura o que no ordené la cama en el cuarto del hotel durante una noche de gira, trato de dejar propina al equipo de servicio. ¿Te imaginas qué difícil sería estar limpiando siempre lo que otros ensucian? Para mí, fue una lección de humildad tener que limpiar lo que otros ensuciaban en el restaurante. Algunas personas son muy desordenadas y no dejan propina, entonces un día decidí que yo no quería ser así. Así que si te importan las personas y quieres que el círculo de generosidad siga dándose en el mundo, ¡Deja buenas propinas!

DON'T TAKE PLEASURE IN THE PAIN OF OTHERS

Someone's pain is not supposed to be your happiness. At times we think its funny when people we know go through hard times or get mad. Sometimes we do this to the people we love because we know they won't leave us like a weary friend or acquaintance would.

Allow people to go through their troubles, but don't take pleasure in watching someone suffer. Just ask yourself if you'd want the same to be done to you.

NO TE ALEGRES DEL SUFRIMIENTO AJENO

El dolor de otros no debería darte alegría. A veces nos divertimos porque pensamos que es gracioso cuando la gente que conocemos pasa un mal momento o se enoja. A veces hacemos estas cosas a las personas que queremos porque sabemos que no se alejarán de nosotros como lo haría un conocido cualquiera.

Deja que las personas pasen por sus problemas pero no te alegres de su sufrimiento. Sólo pregúntate si te gustaría que te hicieran lo mismo a ti.

ACKNOWLEDGEMENT

Do not seek other's acknowledgement for works you do. Live life in what makes you happy and take pleasure in knowing that you are the only one you need to impress.

RECONOCIMIENTO

No busques el reconocimiento de otros por lo que haces. Vive la vida en lo que te hace feliz y alégrate pensando que eres el único a quien tienes que tratar de impresionar y que los demás pueden esperar.

SECRETS

ENG

If you have a secret and aren't intelligent in how you manage it, it will come to light. Not all secrets are bad! Sometimes we have dark secrets, and sometimes we just need to hide a surprise birthday party. If you make rash decisions and don't follow your track, be aware that it may not be a secret for long. Secrets are either going to help you or hurt you. Be intelligent with how you manage secrets so you don't have to pay for it later.

SECRETOS

ESP

Si sabes un secreto y no eres inteligente en cómo lo manejas, saldrá a la luz. ¡No todos los secretos son malos! A veces tenemos oscuros secretos y a veces sólo necesitamos esconder una fiesta sorpresa. Si tomas decisiones imprudentes y no sigues tu camino en cuanto a los secretos, ten en cuenta que no será secreto por mucho tiempo. Los secretos te ayudarán o te lastimarán. Sé inteligente en cómo manejas tus secretos para no tener que pagar las consecuencias luego.

HELPING OTHERS WHEN YOU KNOW MORE

Some of us are better at some things than others may be. Use your set of skills and talent with pride, but also learn to show and help teach. In helping to fulfill other people's dreams, you will better accomplish yours.

People have helped me in my life and I try to do the same when I can. This world will not improve from its current state if we can't make it a priority to help others. So if you know something well, make sure you don't hold it back. Let the wisdom spread!

ENG

AYUDAR A OTROS QUE SABEN MENOS

Algunos de nosotros somos mejores en algunas cosas que otros. Usa tu conjunto de habilidades y talentos con orgullo, pero también aprende a ayudar a otros y enseñarles el camino al éxito, porque al ayudar a otros a cumplir sus sueños, cumplirás mejor el tuyo. La gente me ha ayudado en mi camino en la vida y yo trato de hacer lo mismo cuando puedo. Este mundo no mejorará de su estado presente sino hacemos una prioridad el ayudar a otros. Así que si hay algo que sabes hacer bien, no lo escondas de otros y enséñales. ¡Desparrama tu sabiduría!

ESP

PUT YOUR BOOTS ON AND LETS GO

ENG

When the job gets dirty, don't be too scared to put your boots on and get dirty! You will have moments when your courage will be tested and you'll need to go all in and be stronger or you'll wimp out. Don't be scared. Just put your boots on and be ready for anything.

PONTE LAS BOTAS Y VAMOS

ESP

Cuando el trabajo se pone sucio, ¡No tengas miedo de ponerte las botas y ensuciarte! Pasarás momentos en los que tu valentía será puesta a prueba y tú tendrás que meterte de lleno o doblegarte. No temas, solo ponte las botas, y prepárate para lo que sea.

TWO GOOD ROADS BUT YOU'VE ONLY GOT ONE CAR

In life there will be times when you have two choices. These choices could be equal in importance, but different in outcome. For example, you've been accepted to two good colleges or two good jobs, but you have to pick one. Which one do you choose? Make the bolder choice. You'll be better for it, and when you do amazing at it, you'll look back with pride that you made the bolder decision. Choose the path that will challenge you, because we only live one life, and there is no excuse for living it holding back. Take life in your hands and choose the path that calls you to work harder. You will find that you will break limits, overcome boundaries and be a stronger person for it.

ENG

DOS BUENOS CAMINOS, PERO SOLO UN AUTO

ESP

En la vida habrá momentos donde tendrás dos opciones de las cuales elegir. Pueden ser iguales en importancia, pero distintas en resultados y experiencia. Por ejemplo, haz sido aceptado en dos universidades muy buenas o dos buenos trabajos pero tienes que elegir uno, entonces, ¿Cuál eliges? ¡Elije el más audaz! Te sentirás mejor cuando logres hacerlo de manera excelente, mirarás atrás con orgullo de haber tomado la decisión más audaz. Elije el camino que te desafiará porque sólo vivimos una vida y no hay excusa para vivirla a medias. Toma la vida en tus manos y elige el camino que te obligará a esforzarte más. Te darás cuenta que romperás límites, superarás fronteras y serás una persona más fuerte.

WHEN YOU MOVE IN

ENG

Don't get emotional when you're moving into your first place or dorm room. Having a new place can get your head wondering about all the things you can buy or do, but in reality you should take it slow. Taking it slow will allow you to do it right and not over look the details. So when you're moving in to a new place, or even a new stage of life, take it slow! Don't miss the small details, because in the long run these small details are what will give you joy. Rash decisions will have to be modified and changed later on.

CUANDO TE MUDAS

ESP

No te conmociones cuando tengas que mudarte a un nuevo lugar. Tener un nuevo lugar puede hacer que tu cabeza se llene de preguntas sobre las cosas que puedes comprar o hacer pero en realidad deberías tomártelo con calma. Ir despacio te ayudará a hacerlo bien y no pasar por alto los detalles, así que cuando te mudes a un nuevo hogar o aun a una nueva etapa de tu vida, ¡ve despacio! No te pierdas los pequeños detalles porque a largo plazo, esos pequeños detalles son los que te darán alegría en vez de esas abruptas decisiones temporales que tendrás que modificar y cambiar más adelante.

YOU'LL REMEMBER

ENG

You will remember the past. You will definitely remember the big decisions and things that happened in your life. Don't live life thinking you'll forget, because unless you get an early case of dementia, you won't be forgetting anything anytime soon. Live a life worth remembering and your thoughts won't haunt you.

LO RECORDARÁS

ESP

Recordarás el pasado. Definitivamente recordarás las grandes decisiones y cosas que pasan en tu vida. No vivas la vida pensando que lo olvidarás porque a menos que tengas un caso prematuro de demencia – no vas a olvidarte de nada pronto. Vive una vida digna de ser recordada y los pensamientos no te atormentarán.

PERSISTENCE IS A KEY TO SUCCESS

Persistence is important in achieving success. When you are faced with continuous 24-hour days, it is easy to just say, "Well, maybe I'll do it tomorrow." Don't let tomorrow handle what you can do today. Be persistent and push yourself. You will attract success, and you will have the joy of knowing that your days are not wasted, but used richly with great intentions.

ENG

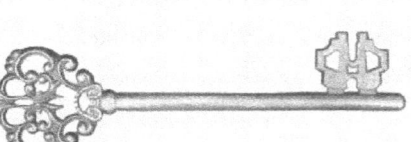

LA PERSEVERANCIA ES LA CLAVE DEL ÉXITO

La perseverancia es importante para lograr el éxito. Cuando te encuentras con contínuos días de 24 horas, es fácil solo decir: ¿Mejor lo hago mañana? No dejes para mañana lo que puedes hacer hoy. Sé perseverante en la vida e impúlsate. Atraerás el éxito y tendrás la alegría de saber que no desperdicias tus días sino que los usas ricamente y con grandes intenciones.

ESP

THIRD EYE

ENG

Even the blind know that there is a center of our psyche that can be seen when we close our eyes and use our brains to meditate. Close your eyes every once in a while, sit down, put on some relaxing music, and meditate. Don't think about anything, just look into your closed eyes. This isn't some metaphysical weird stuff. It's good to do, even if it's for a minute.

ESP

TERCER OJO

Aún los ciegos saben que hay un centro de nuestra psiquis que puede ser visto cuando cerramos nuestros ojos y usamos nuestro cerebro para meditar. Cierra tus ojos de vez en cuando, siéntate, pon música, relájate y medita. No pienses en nada, sólo mira dentro de tus ojos. Esto no es una cosa rara metafísica, pero es bueno si lo haces aunque sea por unos minutos. Así que cierra tus ojos y medita.

IT'S IN YOU

You've got the power in you to succeed. There are people who are addicted to drugs or have other hurdles that they feel they can't overcome. The strength to overcome any inner hurdle is inside you. Don't think for one minute you can't handle life. We are given only what we can handle in this life, so if you're in a bind, it's only because you can handle it.

ESTÁ EN TI

Tienes el poder para tener éxito. Hay personas adictas a las drogas o que tienen otros impedimentos que sienten que no pueden superar. La fuerza para superar cualquier obstáculo interno está en ti. No pienses por un minuto que no puedes manejar la vida. Sólo se nos da lo que podemos manejar en esta vida asi que si estás en un aprieto, es sólo porque puedes con él.

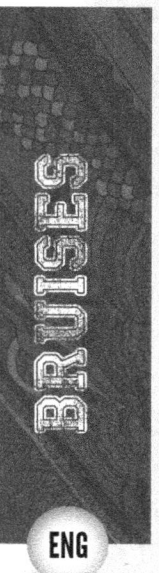

Like an abused child or a shy victim of abuse, we as humans try to hide our problems, our bruises. Children are abused every day, but you may never see their hurt or wounds underneath the clothes that cover them. You may never know the pain someone is going through because he is so good at hiding it with the false smiles on his face. Don't be shy or quiet about abuse. If you are going through something rough, tell someone! Also, if you are someone who tends to not think of these things, you must realize the world we live in. We are blessed, but there are people hurting. So remember to be aware of that if you want to bully or hurt others. You may be pushing someone over the edge and not even know it by saying your "pointless jokes" or "sly remarks."

You don't know what people go through when they go home. If you are going through rough times, don't take your rage out on others, learn to heal through action. Take action and talk to someone.

Talk to people who can actually help you physically and emotionally. Don't just go tell some random person who has no knowledge of how to help you. Stay away from triggers. Stay away from people, places, and things that trigger an emotional outrage within you. A trigger could be someone who is always making jokes that offend you, a movie that directly makes you angry or emotional, or a place that only brings about the worst in you.

There are times in your life when you will be forced to face triggers in order to overcome your personal obstacles, but try to remove triggers from your life as much as possible. Learn to live a life of love and not a life of hidden bruises. Take the steps now in healing. The faster you begin to heal, the smaller the damage will be when the "scar" is gone.

Como un niño abusado o una tímida victima de abuso, nosotros los humanos tratamos de esconder nuestros problemas, o debería decir, escondemos nuestras heridas. Los niños son abusados todos los días, pero puede que nunca veas su dolor o heridas ocultas debajo de sus ropas. Puede que nunca sepas el dolor que alguien está pasando porque son muy buenos escondiéndolo con una falsa sonrisa en sus rostros. No seas tímido o silencioso con respecto a tu abuso. Si estás pasando por algo difícil, ¡Díselo a alguien! Además, si eres alguien que tiende a no pensar en estas cosas, debes darte cuenta del mundo en que vivimos. Nosotros estamos bendecidos, pero hay personas que realmente están lastimados, para que recordemos que si quieres lastimar o abusar a alguien, puede que realmente lo estés empujando a su límite. Tú no sabes lo que la gente soporta cuando llega a su casa. Si estás pasando por tiempos difíciles, no te la agarres con otros, aprende a sanar a través del amor. Te puedes sanar al darle amor a otros y tratar de mostrar cuidado por otros en vez de tomar tu dolor y transformarlo en odio hacia los demás. Aprende a vivir una vida de amor y no una vida de heridas escondidas.

MUSIC IS OUR SOUL

ENG

Music is so important for us as a world. Many cold people will tell you to listen to music less, but I'm here to tell you that music is vital for life! Of course there's music that doesn't edify us, but there is music that can change everything. Don't let music ever go away.

LA MÚSICA ES NUESTRA ALMA

ESP

La música es muy importante para nosotros en el mundo. Mucha gente fría te dirá que escuches menos música, ¡pero yo estoy aquí para decirte que la música es esencial para la vida! Por supuesto que hay música que no nos edifica, pero hay música que puede cambiarte la vida. No dejes que la música se vaya nunca.

BEING A LITTLE NERVOUS ISN'T SO BAD

Before I go on a stage or have to make a big decision, I get a little nervous. But it's not bad. I actually think it's a good thing. A little nervousness keeps you on your feet and keeps you energized for whatever your about to get into. Nervousness can also cripple you, so balance your nervousness with confidence and tell yourself you are capable of accomplishing the task at hand. A little nervousness never hurt anybody.

ESTAR UN POCO NERVIOSO NO ESTÁ TAN MAL

Antes de subir a un escenario o tomar una decisión importante, me pongo un poco nervioso. Pero no está mal, de hecho pienso que es algo bueno. Un poco de nerviosismo te mantiene de pie y energizado para lo que sea que estás por hacer. Los nervios también te pueden paralizar, por lo tanto equilibra tus nervios con autoconfianza y dite mentalmente que puedes realizar la tarea. Un poco de nervios no lastiman a nadie.

YOUR DREAMS OR THE LACK OF THEM

I have a friend who works at a normal type of job. He doesn't like working there but he doesn't have any other ideas of what to do. I asked my friend what his dream was or passion? What has been something he's wanted to do? His answer at first was, "I don't have one." As we continued to speak, he found some things that he had locked in the back of his brain and we were able to pinpoint some things to ponder. The initial "I don't have one" shocked me! I have tried to be a person who always had multiple dreams at hand, but that was because I was drilled with that growing up. Not everyone has that ideology, and not everyone is going to think of a dream to accomplish. But that doesn't' mean we shouldn't dream! So if you are not someone whose been drilled with this mentality, then start today. Find your dreams and aspirations. Begin to write your ideas down and realize which ones are feasible faster, and fulfill your dream! We are given one life to live and there is no reason to live it with restraint! Live life to the fullest, trying your hardest to leave a mark on this world.

TUS SUEÑOS O LA FALTA DE ELLOS

Tengo un amigo que trabaja en un trabajo promedio. Yo definiría este trabajo como un trabajo de salario medio en un lugar de comidas, donde él ha estado por un par de años, por lo que ahora gana un poco más de dinero. No le gusta trabajar ahí y tampoco tiene ideas de qué otra cosa puede hacer. Le pregunté a mi amigo: ¿Cuál es tu sueño o pasión? ¿Qué cosa ha sido algo que siempre quisiste hacer? Su primera respuesta fue: Nada. Mientras seguimos hablando él empezó a recordar algunas cosas que había bloqueado en su mente y pudimos señalar algunas cosas sobre las cuales podíamos pensar. En principio, ¡el "Nada", me sorprendió! Yo siempre traté de ser una persona que tiene muchos sueños, pero eso era porque me habían criado pensando así. No todos tienen esa ideología en su cerebro y no todos están pensando en un sueño que cumplir en la vida, ¡pero eso no significa que no podemos soñar! Así que si no eres alguien que ha sido educado con este concepto desde siempre, empieza hoy. Encuentra tus sueños y aspiraciones. Comienza a escribir tus ideas y descubre cuáles se pueden realizar rápido ¡y cumple tu sueño! Tenemos una sola vida que vivir ¡y no hay motivo para vivir con restricciones! Vive la vida al máximo, esfuérzate al máximo para dejar una marca en este mundo.

I LOVE TRAVELING

ENG

In my travels, I am able to allow my mind to open to infinite realizations. I'm able to appreciate life for what it truly is, and not what I normally see around me. Our world is not all one color, it's not just one language, it's not one food type or smell. It's an overabundance of all these in multiple variations. I'm shocked when I meet people who have never left their state, because I know what they are missing out on! Not traveling a little outside of your comfort zone can also promote racism. Now before you get all, "What is this dude talking about?", hear me out! If people always see the same thing forever, when something they don't understand comes around, instead of trying to understand it, they become afraid of it and indirect racism begins. We are meant to learn from one another and create things that make the world more united, but sometimes we act in ways that hinder us as a nation. Try to understand the unknown rather than reject it. At the end of day, there will be people who do not care, who will not travel, who will not try to learn from others, or offer anything for anyone to learn.

ME ENCANTA VIAJAR

ESP

En mis viajes puedo dejar que mi mente se abra a nuevos descubrimientos sobre la vida. Puedo apreciar la vida por lo que realmente es en vez de solo ver lo que me rodea. Nuestro mundo no es de un solo color, no es un solo idioma, un solo tipo de comida o aroma – es una sobreabundancia de todos estos tipos de variaciones. Me sorprendo cuando conozco gente que nunca ha dejado su estado ¡porque sé de lo que se pierden! No viajar un poco fuera de tu zona cómoda puede también promover el racismo. Ahora, antes de que empiecen con "¿De qué habla este tipo?" - ¡Escúchenme! Si la gente siempre ve la misma cosa y algo que no entienden aparece, en vez de tratar de entenderlo, le tienen miedo y el racismo indirecto comienza. Estamos en este mundo para aprender los unos de los otros y crear cosas que hacen este mundo más unido, pero a veces actuamos de maneras que nos entorpecen como nación. Intenta entender lo desconocido en vez de rechazarlo. Al final del día, habrá gente a la que no le importa, que no viajarán, que no intentarán aprender de otros y que no ofrecen nada que aprender.

ROUTINE MAINTENANCE

Today my friend's car broke down. Well, it didn't break down, it just started blowing smoke. We stopped and got it checked. We thought it was from overheating. What actually happened was my friend hadn't put oil in the car in a while! The car needed some routine maintenance, but because it was missing that oil, it stopped. In our lives, we need routine maintenance, too. We need it to keep going through all of our challenges and trials. We need daily, weekly and yearly maintenance. Even reading this entry is good maintenance, but things like taking your vitamins, eating right, working out, gaining education, and routinely visiting the people you love, are all examples of routine maintenance. Give yourself routine maintenance, and you'll give yourself a lot more miles in life.

ENG

MANTENIMIENTO DE RUTINA

Hoy el auto de mis amigos se rompió. Bueno, no se rompió –sólo empezó a humear. Nos detuvimos, lo revisamos y pensamos que era por sobrecalentamiento. Lo que pasó en realidad es que mi amigo se había olvidado de poner aceite en el auto. El auto necesitaba cuidado de rutina y porque le faltaba ese aceite, se paró. En nuestras vidas necesitamos mantenimiento de rutina también, para que podamos seguir superando todos los desafíos y pruebas. Tenemos mantenimiento diario, semanal y anual. Incluso leer este texto es buen mantenimiento, pero cosas como tomar tus vitaminas, comer bien, hacer ejercicio, recibir educación y visitar de vez en cuando a la gente que quieres son todos ejemplos de mantenimiento de rutina. Date chequeos de rutina y te darás a ti mismo más millas en la vida.

ESP

COMPROMISE

When you're on a team and you know you won't be able to make the final decision alone, but you'll have to make a collective decision, get your mind prepared to compromise! Compromise doesn't have to be negative, because we can all learn something from one another. But I think it's tougher for us to realize that we have to give up some control when working as a team or group. Look at compromise as something that can help you grow as a person. You'll learn from others, and others can learn from you. Together you all may lose some of your own wants, but in reality you gain, because what you create will be something that will have a little piece of everyone in it. Compromise isn't a losing game. Everyone can win. We all just need to learn to compromise.

ENG

ACUERDOS

Cuando trabajas en equipo y sabes que no puedes tomar la decisión final solo sino que tiene que ser una decisión colectiva - ¡prepárate para llegar a un acuerdo! Ceder no tiene por qué ser negativo porque todos podemos aprender algo los unos de los otros, pero creo que es difícil para nosotros darnos cuenta que tenemos que ceder el control cuando trabajamos en equipo. Mira los acuerdos como algo que te puede ayudar a crecer como persona. Aprenderás de otros y otros pueden aprender de ti, todos pueden estar perdiendo las cosas que quieren pero en realidad estarán ganando porque cuando construyan juntos estarán poniendo un poco de cada uno en ello. Ceder no es un juego perdido, todos pueden ganar, solo debemos aprender a llegar a un acuerdo.

BEING TOLD "NO" IS ALRIGHT BECAUSE ALL YOU NEED IS ONE "YES"

ENG

It doesn't matter how many no's you receive, all you need is one yes. With that one yes you can begin your mission to accomplish your goal that has been so difficult to start. Don't get caught up in the no's in life, but focus on getting that one yes. If you are able to succeed, and you get to be in a place of authority, remember to not hold back in saying yes to others. You know what it felt like to be told no. Learn to give to others what you were not once given, and in this case, give people a chance!

QUE TE DIGAN QUE "NO" ESTÁ BIEN, PORQUE TODO LO QUE NECESITAS ES UN "SÍ"

ESP

No importa cuántos NO recibas en la vida, porque solo necesitas un SÍ. Con ese SÍ puedes comenzar tu misión de completar la meta que te ha sido tan difícil comenzar. No te dejes abrumar por los No en la vida, sino enfócate en seguir ese SÍ. Si logras tener éxito y llegas a un puesto de autoridad, recuerda no dejar de decirle que Sí a otros, ya que sabes lo que se siente que te digan que No. Aprende a darles a los otros eso que no te dieron a ti y en este caso, ¡Dale una oportunidad a otros!

¡Los NO están bien, porque solo necesitas un SÍ!

I GET KNOCKED DOWN

ENG

I look at magazines or articles on the internet and I see so many people with innovative ideas and inventions. I look at them and wonder what in the world am I doing on this planet? We can get exhausted by what is happening around us and forget that we have our own talents and gifts. Don't get wrapped up in what you are not—focus on who you are. Don't allow your strength to be knocked down. Find it in you to be strong and stand tall with your talents and gifts.

ME DERRIBAN

ESP

*C*uando leo revistas o páginas de internet, veo tantas personas con ideas innovadoras e invenciones. Observo a estas personas y me pregunto ¿qué estoy haciendo en este planeta? A veces podemos quedar agotados por todas las cosas que ocurren a nuestro alrededor, que olvidamos nuestros dones y talentos. No te dejes envolver en aquello que no eres, enfócate en lo que eres. No dejes que derriben tu fuerza, encuéntrala dentro de ti para resistir y mantenerte en tus ideas innovadoras.

ENG

Don't be afraid to do it yourself. Inside that noggin of yours is a brain that can help you create things from scratch. Don't let others around you dictate your thoughts and ideas. Your brain is not empty. It's full! Your brain is full of ideas, inventions, creations and more.
DIY > someone else doing it for you.

ESP

No tengas miedo de hacerlo tú mismo. Dentro de esa cabeza tuya hay un cerebro capaz de crear cosas desde cero. No dejes que otros te determinen. Tu cerebro no está vacío- ¡Está lleno! Está lleno de ideas, inventos, creaciones y más. Hacerlo tú mismo es mejor que alguien lo haga por ti.

GOOD HEALTH IS GOOD WEALTH

Age is only a number, but it is also truth. As we age, we see the differences in how our body reacts to the world. Having good health is important for your life's wealth. If someone gave you a new car you loved, you wouldn't want to give it back just because you didn't feel like washing it, would you? Yet some people live life without having a care for their own health. Take your health seriously because it is a GIFT.

ENG

BUENA SALUD ES RIQUEZA

La edad es solo un número, pero también es verdad. Conforme vamos envejeciendo, vamos notando las diferencias en cómo nuestro cuerpo reacciona a la vida. Tener buena salud es una forma de riqueza en la vida. Si alguien te regalara un auto, no lo devolverías sólo porque no te dan ganas de lavarlo, ¿verdad? Aun así, mucha gente vive sin cuidado de su propia salud. Toma tu salud en serio porque la vida es un REGALO.

ESP

LIFE'S A PIECE OF CAKE

ENG

We think life will only be good for a select Few, and for others it's just a bitter passing of time. Your perspective on life may be the key to changing everything. The way you see life affects how it will turn out.
Look at life like a piece of cake, and then eat it too.

ESP

LA VIDA ES FÁCIL

Nosotros pensamos que la vida solo es buena para algunos y para otros es solo un amargo paso del tiempo. Tu perspectiva de la vida puede ser la clave para cambiarlo todo. La forma en como miras la vida es fundamental respecto a cómo se desenvuelve.
Trata a la vida como si fuera un pastel y cómelo también!

WHEN SEEKING HELP

When seeking help, you should try to get advice from someone who has overcome the struggle you're going through. Do not ask advice from someone who hasn't overcome your challenge, or who has the same issue as you. Doing that will only keep you stagnant. Get advice from people who have already gone through the struggle so that you can learn from their successes and failures.

ENG

CUANDO BUSCAMOS AYUDA

Cuando pidas ayuda, deberías buscarla de alguien que haya superado la problemática que estás pasando tú. No le pidas consejo a alguien que no lo haya superado o que tiene los mismos problemas que tú. Eso sólo te estancará y no podrás avanzar. Pide consejo de la gente que ya ha superado la prueba para que la superes más rápidamente.

RELATIONSHIPS

ENG

This advice is good for those who want to fall in love, whether you're young or old. The advice was told to me by a couple that has been together for over 30 years, and I thought it would be important to share it today. Relationships are not just about compromise, they are about letting both people in the relationship be themselves and accepting each other for who they are. You must learn to leave the other person as they are and not try to change them. It's the moment you try to change someone that the problem really starts. Some people's way of life in relationships need to be changed, but if people don't want to change on their own, then you should not try to be the one to change them. Each case will be different, and the love you have for someone may be so strong that you are willing to endure the work to grow. Be sure you understand that when getting into a relationship with someone who requires changing. You are signing up for a commitment. Don't sign up to be there for someone you love and then vanish, because you'll leave wreckage along your path. If you decide to be there for someone you love then be there through the whole transformation, or at least as much as you can. If you don't have a real commitment inside of you to this person you love, then make a decision to not get attached.

Este consejo es bueno para aquellos que quieren enamorarse, seas joven o viejo. Este consejo me lo dio una pareja que ha estado unida por 30 años y creo que es importante compartirlo hoy. Las relaciones no se tratan sólo de ajustarse, síno también de dejar que cada persona sea como realmente es y aceptarlos así y no tratar de cambiarlos. Es en el momento que tratas de cambiar a alguien que los problemas comienzan. Algunos problemas de la gente son malos y necesitan cambiar pero si la persona no quiere cambiar por su cuenta, entonces tú no deberías ser el que la cambie, ya que vas a poner un estrés innecesario sobre ti mismo y sobre tu relación. Acéptense el uno al otro por quienes son antes de decidir enamorarse para que nadie se engañe en tratar de ser alguien que no es más adelante en la relación.

ESP

RELACIONES

FLYING HIGH

As I fly on this jet plane, the people to my left and right look out the plane windows in awe. They really are staring hard, more than what I would say is normal. They may see the large cities from a new perspective.

From the plane the cities and towns look so small. That is how we need to view our problems. Our problems need to seem as small things we can grab with our hands and toss away. Never let your problems take you way from your joyride of life. Never allow your fears to consume you and carry you to a place that keeps you stuck. Look at every problem as if it is a small house that is being viewed from a plane 30,000 miles in the sky! Your perspective matters, and I think my neighbors on the plane are revolutionizing theirs!

VOLAR ALTO

Mientras viajo en este avión, la gente a mi izquierda y mi derecha miran por la ventanilla con asombro. Realmente están mirando mucho, más de lo que consideraría normal. Pueden ver las ciudades desde una nueva perspectiva porque desde nuestro avión, las ciudades se ven pequeñas. En ese momento estamos volando alto porque nuestro avión está en el cielo, mientras que las ciudades parecen hormiguitas en comparación a lo que realmente son. Así es como debemos ver nuestros problemas. Necesitamos ver nuestros problemas como cosas pequeñas que podemos agarrar en nuestras manos y disolverlos. Nunca dejes que los problemas te desvíen de la alegría de vivir. No permitas que tus miedos te consuman y te aten sin dejarte mover. ¡Mira cada problema como si fuera una pequeña casa vista desde un avión a 12.000 metros (30,000 millas) de distancia! Tu perspectiva cuenta, ¡y creo que mis compañeros de vuelo están revolucionando la suya!

NEVER TOO YOUNG OR TOO OLD

ENG

At times people get this idea to pursue a thing or a dream, but they look at this thing we call 'age' before acting on their ideas. Sometimes the thought of how old we are causes us to quit and not reach our full potential. There is a reason why you've gotten an idea or a passion, and just because you are a certain age does not mean you shouldn't pursue it. So, next time you think that age has an effect on your outcome, remember the only thing that stops you from following your passions is you deciding to quit. If you continue to believe you are too old, you will become too old, and if you believe you are too young, you will slowly direct yourself into a box. Believe you are ready—you can do anything, at any time!

NUNCA DEMASIADO VIEJO NI DEMASIADO JOVEN

ESP

A veces las personas tienen esta idea de perseguir un sueño, pero se ponen a pensar en esta cosa llamada "edad" antes de hacer algo al respecto. A veces nuestra idea de la edad nos hace renunciar y no alcanzar nuestro máximo potencial. Hay una razón por la cual tienes una idea o una pasión y solo porque tienes cierta edad no significa que no debas perseguirla. Así que recuerda la próxima vez que pienses que la edad afecta tu desempeño, que la única cosa que te detiene de alcanzar tus pasiones es tu propia decisión de renunciar. Si sigues pensando que eres demasiado viejo, te volverás demasiado viejo y si piensas que eres demasiado joven, lentamente te encerrarás en la idea de que eres demasiado joven para alcanzar tu sueño. Cree que estás listo, y podrás hacer cualquier cosa, ¡en cualquier momento!

ENG

DON'T STAY OUT IN THE SUN TOO LONG BECAUSE YOU WILL BURN

Our skin is weak, and when tested by the rays of the sun, it will burn. When we put ourselves through that pain of getting burned, we suffer. I've gotten third degree burns on my face from a summer camp trip before, and it was as if my face was peeling like the skin of a snake. In our regular lives things are the same way. There are situations that we get involved in that we know we should stay away from because they will eventually burn us. Read the signs. If the situation is getting uncomfortable, maybe it is time to go. Listen to your inner self and don't ignore it.
The last thing you want is to get burned.

ESP

NO TE EXPONGAS DEMASIADO AL SOL, PORQUE TE QUEMARÁS

Nuestra piel es delicada y si permanece demasiado expuesta al sol, se quemará. Cuando nos exponemos al sufrimiento de ser quemados, sufrimos. Yo tuve quemaduras de tercer grado en mi cara en un campamento y era como si mi cara se pelara como una serpiente. En la vida cotidiana, las cosas son de la misma manera. Hay instancias y situaciones en la que nos involucramos sabiendo que no deberíamos, y eventualmente nos quemamos. Lee las señales. Si la situación se está volviendo incómoda quizás es tiempo de alejarse. Escucha a tu conciencia y no la ignores. Lo último que quieres es quemarte.

BE CLEAN

ENG

Be clean in all you do. Whether it is how you live or how many showers you take after working out at the gym, make it a priority to be clean! Being clean is something your body needs and, honestly, something your body deserves. Every second is a like a penny someone has given you to use towards a great purchase. You wouldn't waste money, so why would you waste life by not caring for your body? Care for your body and be clean. No one deserves to smell your armpits or body odor. Everyone deserves a clean life, not only for themselves, but also for those around them. If you don't know much about cleanliness or taking care of yourself, try to consult with a nurse or someone who may be able to help you. Find someone caring that won't look down on you. Don't let your lack of knowledge be a reason for others to make fun of you, because it's not your fault you weren't shown how to be clean. Everyone has the right to learn this because it'll help us in our everyday life, especially as adults.

Be clean!

SE LIMPIO

ESP

Sé limpio en lo que haces. Así sea el cómo haces las cosas o cuantas duchas te das después del gimnasio –¡Dale prioridad a ser limpio! Estar limpio es algo que tu cuerpo necesita y ser honesto es algo que tu cuerpo merece. Cada segundo que se te dé, es como un centavo que alguien te da para comprar algo. No desperdiciarías el dinero, entonces ¿por qué desperdiciarías vida no cuidando tu cuerpo? Cuida tu cuerpo y mantente limpio. Nadie merece tener que oler tus axilas u olor corporal. Todos merecen una vida limpia, no solo para ellos mismos, sino también para los que los rodean. Si no sabes mucho de limpieza o cuidado corporal, pídele a un especialista que te ayude. Busca a alguien cuidadoso que no piense mal de ti. No dejes que tu falta de conocimiento sea una razón para que otros se rían de ti porque no es tu culpa si nadie te enseñó a limpiarte. Todos tienen derecho a aprender esto porque es algo que nos ayudará en nuestra vida diaria, sobre todo de adultos.

¡Sé limpio!

THE TRUTH WILL COME TO LIGHT

We live on this earth of our own free will. Of course, our choices garner consequences, and we should always take that into consideration when living. If you choose to live your life secretly doing evil things, mark my words, the day will come when your evil doings will come to light. Don't allow your reputation and legacy on this earth to speak negatively of you. Change your ways so that you can leave a positive legacy. Let your life be an example that others can live by and respect.

ENG

LA VERDAD SALDRÁ A LA LUZ

Vivimos en esta tierra con libertad de decisión. Por supuesto que nuestras decisiones acarrean consecuencias y debemos siempre tener eso en cuenta en la vida. Si eliges vivir la vida haciendo cosas malas en secreto, marca mis palabras, llegará el día en que todo lo malo que hagas saldrá a la luz. No dejes que tu reputación y legado en la tierra hablen mal de ti, cambia tu camino para que puedas dejar un legado positivo. Que tu vida sea un ejemplo que otros puedan seguir y respetar.

ESP

Before you decide to say those words to anyone who gives you butterflies, make sure you mean them!
Those words said hastily and without proper thought can tear someone's soul apart!
Love is a valuable asset to Have, and it is something that can help take someone from misery to joy.
Don't take someone's honest joy away by lying about the love you have for them. If you say it, mean it, or don't say it at all. Be true to others and to yourself by being honest when you say those three words.
I Love You.

I LOVE YOU

TE AMO

ESP

Antes de decirle eso a alguien que te hace sentir mariposas, ¡asegúrate que sea sincero! Esas palabras, si las dices sin pensar, ¡pueden destrozar a una persona!
El amor es algo muy valioso que puede llevar a una persona de la miseria a la felicidad.
No le quites la felicidad a alguien mintiéndole sobre el amor que sientes por él/ella. Si lo dices, que sea en serio, o no lo digas. Se sincero con los demás y contigo, diciendo la verdad cuando dices estas dos palabras: TE AMO.

OPPORTUNITIES

ENG

The world, especially those people who see you as competition, want you to believe that every idea has been invented already. This is a lie, and new ideas are being had every day.

Ideas are looking for brains to fill, and if you let yourself think all ideas are already had, you'll miss the chance to create something that's meant just for you.

Free your brain for new ideas. New ideas are waiting for a mind to occupy, so you should let them occupy yours!

OPORTUNIDADES

ESP

El mundo, especialmente esas personas que te ven como competencia, quieren que creas que todo ya fue inventado. Eso es mentira, las ideas se crean todos los días. Las ideas buscan cerebros que llenar y si tú crees que las ideas ya fueron inventadas, pierdes la oportunidad de crear algo que fue pensado solo para ti.

Libera tu mente a las nuevas ideas. Las nuevas ideas están buscando una mente que ocupar, así que deja que ocupen la tuya.

CONTROL

ENG

The thought that you are in control of your life is pretty bogus. There are things in our lives that we don't have control over, and one of those things is time. We can plan all we want, but all it takes is for one bump in the road to happen and our time is all messed up! Another aspect of our lives that is uncontrollable is how people will react to certain things. With social media running rampant, it is very difficult to believe you will be able to control how a person will react to something. Now more than ever, people have become less reserved, leaving open space for them to truly express their feelings.

Realize that we can not control time or how people will react to us. When you realize these things are out of your control, you'll be able to strategize and be ready for anything that life throws at you!

CONTROL

ESP

El concepto de que tú controlas tu vida es bastante falso. Hay cosas en nuestra vida que no podemos controlar y una de esas cosas es el tiempo. Nosotros podemos planificar todo lo que queramos, pero un tropezón en nuestro camino, ¡y todo nuestro tiempo se pierde! Otra cosa que no se puede controlar, es cómo las personas reaccionarán a ciertas cosas. Con las redes sociales te das cuenta que es muy difícil controlar lo que otras personas pensarán. Hoy más que nunca la gente se volvió menos reservada, y se abren a expresar sus sentimientos verdaderos.

Entiende que en esta vida no podemos controlar el tiempo o cómo la gente reaccionará a nosotros. Cuando te das cuenta que estas cosas están fuera de tu control, podrás tener estrategias y estar listo para cualquier cosa que la vida te traiga.

CHILL OUT - FREAK OUT

We sometimes have the tendency to freak out when we can't do it all, or when we feel that we have more work to do than time to do it. Don't let this feeling overwhelm you. Although it may feel natural for you to feel frantic, you may be negatively affecting your loved ones that could help you get through rough times.

The last thing you want to do is unknowingly push away the people in your life who could help get you through frantic times. So—chill out!

CALMARSE - DESESPERARSE

A veces tenemos la tendencia a desesperarnos cuando no podemos hacerlo todo o cuando sentimos que tenemos más para hacer de lo que nos da el tiempo. No dejes que ese sentimiento te consuma. Aunque te puede parecer natural a ti estar frenético, puedes estar afectando negativamente a un ser querido que podría ayudarte en momentos difíciles. Lo último que quieres hacer es alejar a las personas que te pueden ayudar a superar los momentos difíciles. Así que ¡Cálmate!

ANIMAL LOVE

Around the world animals are mistreated everyday. Animals are essential to us as humans because they can keep us company during our lonely moments. And if you have a puppy like mine, you can feel the unconditional love that they give. I look at it in this manner: Humans are three dimensional, animals are two dimensional, and plants are one dimensional.

Humans have a soul, a body and a conscience. This means that we are able to tell the difference between right and wrong in the bodies we are born in. We have a sense of care for people, and we can educate ourselves to create things that animals and plants can not. Animals are two dimensional because they have a body and a conscience. They have a sense of what is right and wrong, but they need the instruction from an owner to differentiate between the two. Animals do not have a soul that show them what to do. Plants are one dimensional because they can not communicate with us, but they have the shell (their body) that holds their being.

Each of us has a special place in this world, and together humans, animals, and plants help the world grow and expand into what we see each morning when we wake up. Treasure each part of our world because we cannot grow without each part helping one another.

En todo el mundo hay maltrato de animales todos los días.

Los animales son esenciales para nosotros como raza humana porque nos hacen compañía durante momentos difíciles en la vida y si tienes un cachorro puedes sentir el amor incondicional que dan.

Míralo de esta manera. Los humanos son tridimensionales, los animales son bidimensionales y las plantas son unidimensionales. Los humanos tienen espíritu, cuerpo y alma. Esto quiere decir que podemos darnos cuenta la diferencia entre el bien y el mal en nuestros cuerpos. Tenemos un sentido de cuidado del otro y nos educamos para crear cosas que los animales y las plantas no pueden. Los animales son bidimensionales porque tienen cuerpo y alma. Tienen una idea de lo que está bien y lo que está mal pero necesitan un amo que les indique primero. Los animales no tienen un espíritu que les indica cómo tienen que vivir en este planeta. Las plantas son unidimensionales porque no pueden comunicarse con nosotros o los animales pero tienen su cuerpo que sostiene su existencia.

Cada uno de nosotros tiene un lugar especial en el mundo. Humanos, animales y plantas ayudamos al mundo a expandirse y crecer en lo que vemos cada mañana cuando nos levantamos. Atesora cada parte de nuestro mundo porque no podemos crecer sin cada parte integral ayudándose una a la otra.

ESP

AMOR ANIMAL

DON'T TAKE A MINUTE

The perception of time has changed for some people in our generation. Saying you'll be a minute turns into ten, fifteen minutes, or an hour, and before you know it a minute is not a minute. When we live our lives this way, many things don't get done the way they are supposed too get done. We bring grief to people's plans. So if you are a person who is on time, then don't change. But if you are a person who says, "I'll be a minute," and that actually means you'll be an hour, try to change your ways. Don't change them for yourself, but change them for the people you affect, because no one deserves to wait for someone who can't just be honest. Be honest with your friends, and be honest with yourself, and say when you'll be longer than a minute.

ENG

NO TE TOMES UN MINUTO

La percepción del tiempo ha cambiado para algunas personas de nuestra generación. Decir que tardarás un minuto termina siendo 10, 15 o una hora, y antes de que te des cuenta un minuto ya no es un minuto. En la vida muchas cosas que se supone que tenemos que hacer no se hacen y eso trae angustia a los planes de las personas. Así que si eres una persona puntual, no cambies, pero si eres una persona que dice "tardaré un minuto" y en realidad tarda una hora, trata de cambiar tu forma de hacer las cosas. No solo cambies para ti, cambia para aquellas personas que afectas, porque nadie se merece estar esperando por una persona que no es sincera en decir que va a tardar más que un minuto. Sé honesto contigo y tus amigos y di que tardarás más de un minuto.

ESP

IN THE RAIN

When I visit my friends in places like Kentucky, the people have different phrases that I don't hear anywhere else. For example when it starts to rain a lot, they say, "It's pouring the rain." When I hear this phrase, I remember times in my life when I felt like my issues were pouring the rain. People in Kentucky also use storm shelters to hide away from the rain, and they call them 'shelter houses.' You can sit under these and wait for the storm to pass, because it surely will pass. Just like in our issues in life, the storms will come, but they will pass. So when the storms come, and it's pouring the rain in your life, find your shelter house and wait for it to pass. Then gear up to repair any damage, and remember you're not alone. We all have issues in life, and we all can withstand them. You will not be given a storm you can not conquer, and you will not endure any pain you can not handle.

ENG

BAJO LA LLUVIA

Cuando visito a mis amigos en lugares como Kentucky, la gente usa frases que no escucho en ningún otro lado. Por ejemplo, cuando empieza a llover mucho dicen "se está derramando la lluvia". Cuando escucho esta frase recuerdo momentos en mi vida donde sentía que mis problemas estaban bajo la lluvia. La gente de Kentucky también tiene casas para días de lluvia que las llaman "casas de refugio". Puedes sentarte debajo de estas y esperar que pase la lluvia, porque seguramente pasará. En la vida también, las tormentas vendrán pero pasarán. Así que cuando llegan las tormentas y se está derramando la lluvia en tu vida, busca tu casa de refugio y espera a que pase, luego levántate y repara los daños pero recuerda que no estás solo. Todos tenemos problemas en la vida y todos podemos resistir. No tendrás tormentas que no puedes conquistar y no tendrás dolor que no puedas superar y manejar.

ESP

BEING NICE IN DIFFICULT SITUATION PAYS OFF

ENG

Our tempers can grab a hold of us without us even taking notice. We allow ourselves to be manipulated by our own emotions, not realizing that we are in control. When you're angry and want to retaliate against the person making you angry with hateful words, think twice. It can pay off to turn your other cheek and let it go. You never know who's listening or watching you with every angry outburst. In every act of anger you lose a little part inside of you that makes you a human being. We may think there is little good in us, but there IS a lot of good in all of us, and if we let ourselves be taken over by hate, we freely give up the good. Being nice when we really don't want to be will pay off. Think twice and be nice when you're pushed to the limit. The outcome of you getting revenge will never be worth you letting it go and bringing peace to this world.

SER AMABLE EN LAS SITUACIONES DIFÍCILES TRAE RECOMPENSA

ESP

Nuestros temperamentos pueden traernos problemas sin que nos demos cuenta. Nos dejamos manipular por nuestras propias emociones, sin darnos cuenta que nosotros tenemos el control. Cuando estás enojado y quieres tomar represalias contra la persona que te está haciendo enojar con palabras de odio, piénsalo dos veces, porque puedes ganar más poniendo la otra mejilla y alejándote. Nunca sabes quién te está escuchando o mirando en tus explosiones de ira. En cada acto de ira, pierdes un poquitito de lo que te hace ser humano. Puede que nosotros pensemos que hay pocas cosas buenas en nosotros, pero hay bondad en todos nosotros y si nos dejamos controlar por el odio, estamos dejando ir ese lado bueno en nosotros que puede hacer de este mundo algo mejor. Ser amable cuando no queremos serlo traerá recompensa. Piensa dos veces y sé amable cuando te empujan al límite. El resultado de tomar venganza nunca será mejor que el de dejarlo ir y traer paz al mundo.

HAVE COMPASSION

ENG

Not everyone is blessed with a good life, and some people really have to struggle. Some children deal with very rough lives, and we have many amazing people who live every day with disabilities. Learn to have compassion for people. Learn to love people for who they are and not who you want them to be. Learn to have COMPASSION.

No todos tienen la bendición de tener una buena vida y algunos tienen que pasar sufrimientos. Algunos niños viven vidas muy difíciles y también hay gente increíble que vive todos los días con discapacidades. Aprende a tener compasión de las personas. Aprende a amar a la gente por quienes son en vez de lo que tú quieres que sean. Aprende a tener COMPASIÓN.

ESP

TEN COMPASIÓN

THE KNOW-IT-ALL DOESN'T REALLY KNOW IT ALL

Even the ones who call themselves know-it-alls really don't know it all. The truth is we never stop learning. If you stop learning, you are stupid. Wise people know what it is they don't know, and they seek answers. So never think you know it all, and never believe the person who says they know it all. The more you think you know, the more you really need to discover.

EL SABELOTODO NO LO SABE TODO

Aún la gente que se hace llamar sabelotodo, no lo sabe todo. La mayoría del tiempo solo quieren que se les de ese título porque saben que en este mundo, nunca dejamos de aprender. Así que nunca te creas sabelotodo, ni le creas a la persona que se hace llamar sabelotodo. Cuanto más piensas que sabes, más necesitas aprender.

ENJOY THE UNKNOWN

ENG

There are things in life that only get done for the first time once, like the first time you drive a car or the first time you are asked or ask someone to your prom. Enjoy knowing that you are going to experience things, and that you should enjoy each moment you're given. Enjoy the unknown and learn to treasure these special moments.

DISFRUTA LO DESCONOCIDO

ESP

Hay cosas en la vida que solo se hacen una vez, como la primera vez que manejas un auto o la vez que alguien te invitó o te invita a ir al baile de graduación.
Disfruta las experiencias que vas a vivir y disfruta cada momento que tienes.
Disfruta lo desconocido y atesora esos momentos.

Allow people to live their lives how they want to live them. Life can get tricky, but we all will live our individual lives. No matter how valuable we believe our opinions to be, everyone will live the life they decide to live.

Allow others to live their own lives without trying to add your opinion unless it is asked for. If we get involved in people's lives carelessly, we run the risk of leaving a negative impact on them.

LET PEOPLE LIVE

DEJA A LA GENTE VIVIR

Deja que las personas vivan sus vidas como quieran. La vida puede ser difícil, pero todos viviremos nuestras vidas individualmente. No importa cuán valiosas pensamos que son nuestras opiniones, todos tienen derecho de vivir la vida que desean vivir. Deja que los demás vivan sus vidas sin tratar de agregar tu opinión a todo a menos que te pregunten. Si nos involucramos en la vida de otros sin tener una razón corremos el riesgo de dejar una imagen negativa.
Deja a la gente vivir.

HOUSE IS A HOME

ENG

When you live with people, remember that you are not living alone. I had to learn some rough lessons when I lived with my friends, or when I first moved to Los Angeles and lived with roommates. I remember one time I went grocery shopping, and when I came back one of my roommates was mad because I didn't buy anything for the house as a whole, only for myself. I learned quickly that when you live with others, you need to try to be diplomatic about every decision you make. Obviously you could also care less about others, but at the end of the day, caring about what others in your house think, and caring about their needs, will make it more of a home. It may cost you a little bit of your pride, but remember to think of others in your house.

LA CASA ES MI HOGAR

ESP

Cuando vivas con gente recuerda que no vives solo. Yo tuve que aprender unas lecciones difíciles cuando viví con mis amigos o cuando me mudé a Los Ángeles con compañeros de cuarto. Recuerdo que una vez fui a comprar al mercado y cuando volví uno de mis compañeros estaba enojado porque no compré nada para toda la casa, sino solo para mí. Aprendí rápido que cuando vives con otros debes ser diplomático en las decisiones que tomas. Claro que también puedes preocuparte menos por los demás, pero al final del día preocuparte por lo que otros en tu casa piensan y por sus necesidades lo hará más un hogar. Puede que te cueste un poco de tu orgullo, pero recuerda que pensar en los demás hará que se sientan más "en casa".

THAT AGE

Don't believe you are too young or too old to accomplish something. Great things were created by individuals who did not allow age to be a determining factor in their success. Allow your age to assist you in your success. If you are young, use your youth to give your project extra oomph. If you're older, use your time on this Earth to bring wisdom to your project that younger generations cannot comprehend.

Age is just a number, don't let it affect your creations.

ENG

ESA EDAD

No pienses que eres demasiado joven o demasiado viejo para cumplir tus sueños. Las grandes cosas fueron creadas por las personas que no dejaron que la edad determinara su éxito. Permite que tu edad te contribuya en el proceso. Si eres joven, usa tu juventud para darle a tu proyecto un empujón extra de juventud. SI eres más maduro, usa tu tiempo en la Tierra para darle a tu proyecto lo que las generaciones más jóvenes no entienden.

La edad es sólo un número, no dejes que esto afecte tus creaciones.

ESP

We all hit rock bottom sometimes. Either we've lost our job, or something tragic happened in our family. Whatever the case may be, just know you aren't alone in hitting rock bottom and feeling like you are down in the dumps. You are a person with love inside of you to give, and as long as you have that, you are capable of doing something great and not dwelling on the negative things happening in your life. The bad things you are feeling will go away at some point. Remember that! Each moment we have is temporary, and in time the sorrow will pass. So remember, when you are feeling down in the dumps, you are not alone and you have love inside of you to give. That love will overshadow any sadness that is inside of you. You are love!

HUNDIDO EN LA DEPRESIÓN

Todos tocamos fondo a veces, ya sea que hayamos perdido nuestro trabajo o que algo trágico haya pasado en nuestra familia. Cualquiera sea el caso, tienes que saber que no estás solo en esto de tocar fondo y sentir que estás en la tormenta de depresión. Eres una persona con amor para dar a otros y mientras lo tengas eres capaz de hacer algo genial y no estancarte en las cosas negativas que pasan en la vida. Las cosas malas que sientes pasarán en algún momento. ¡Recuerda eso! Cada momento que tenemos es pasajero y el tiempo de tristeza también pasa. Así que recuerda, cuando te sientas hundido en la depresión, no estás solo, y tienes amor en ti que sobrepasará cualquier tristeza. ¡Eres amor!

DOWN IN THE DUMPS

YOU WILL GAIN TIME IF YOU HUSTLE -AND I MEAN THE GOOD HUSTLE. HA!-

ENG

Learning how to 'hustle' will help you win time over people who are stagnant. Yes, there is something great about being patient, but there is also something waiting for the person that hustles.
The battle is learning which of the two pertain to the situation you are in.
Don't be afraid to hustle, because your victory may be near if you just push through that initial challenge. Tell your brain to go—push on—and hustle your way to success. Ask yourself, is your heart in it enough to hustle?

Aprender a mantenerte activo te servirá para tomar ventaja sobre los que están estancados. Sí, hay algo muy bueno en ser paciente, pero también hay algo para la gente que se mantiene activa. La lucha es descubrir cuál de las dos estrategias aplica a tu situación puntual.
No tengas miedo de mantenerte activo, porque la victoria puede estar cerca si tan solo sigues adelante. ¡Dile a tu mente que persista hasta el éxito!
¿Está tu corazón en ello aún?

ESP

MANTENERSE ACTIVO

Allowing yourself to start something or even live life without having your heart in it is not living at all. Do you feel like your heart is somewhere in outer space?
Do you feel that maybe you've lost some of yourself to everything happening around you? If not, that's great, don't let it happen!
If you do feel down, get your heart back in it. Begin to allow yourself to enjoy life, because if you don't stop the destruction against your heart's enjoyment, you may become angry enough that you never enjoy it. Get your heart in it, because there are people who need your love and this life was meant for you to enjoy.

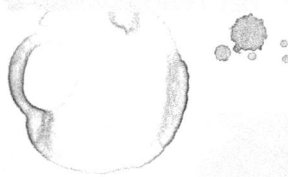

Comenzar una actividad o incluso vivir la vida sin tener tu corazón puesto en ella, no es vivir en absoluto. ¿Sientes que tu corazón vaga por el espacio exterior? ¿Tal vez sientes que perdiste parte de ti mismo a todo lo que sucede a tu alrededor? Si no es así, mejor aún- ¡No dejes que suceda!
Si en verdad te sientes abatido, vuelve a poner tu corazón en ello. Vuelve a permitirte disfrutar la vida porque si no detienes la destrucción en contra de tu corazón, para que disfrute la vida, te volverás en una persona siempre enojada que no se goza la vida. Pon tu corazón en la vida porque hay personas que necesitan tu amor y esta vida te fue dada para que la aproveches.

SOLITARY CONFINEMENT ENG

When you watch prison shows or things on TV that talk about prison, you always see that the worst place that people hate to be in is solitary confinement.

Solitary confinement is horrible for people in prison because it's like being trapped in prison when you are already in prison. In life sometimes we feel like we are in our own solitary confinement, just waiting for someone to let us out.

What would put you into solitary confinement? What would be so horrible that it would make you feel so confined in such a free and open world?

Whatever causes you to be trapped in such a way needs to be put outside of your brain. Maybe the horrifying thing can never leave your heart, but honestly, you can remove it from your mind. You can remove the things that bring you pain even if they hurt your heart.

Don't confine yourself to solitary confinement in the free world.

You deserve the world and more.

ESP AISLAMIENTO

Cuando miras los programas de TV sobre la prisión o cosas en la TV que hablan de la prisión te das cuenta que el peor lugar que una persona puede querer estar es en el cuarto de aislamiento. El aislamiento es horrible para los prisioneros de la cárcel porque es como estar atrapado en una prisión, cuando ya estás en la cárcel. En la vida a veces sentimos que estamos en nuestro propio cuarto de aislamiento solo esperando que alguien nos libere.

¿Qué es lo que te hace sentir aislado? ¿Qué puede ser que te haga sentir tan aislado en un mundo tan amplio y libre? Lo que sea que te tiene atrapado de tal manera, debe ser quitado de tu cerebro. Quizás esa cosa horrible nunca se vaya de tu corazón, pero puedes quitarla de tu mente. Puedes quitar las cosas que te dan dolor incluso si también lastiman tu corazón.

No sigas encerrado en aislamiento en este mundo libre. Mereces el mundo y más.

THE ONES WITH THE KEYS

ENG

When it comes to making decisions for a household, you can be sure that the final decisions are not easy to come by. Sometimes the head of a household has to decide what budget to stick to, or which person gets to do what chore at home.

The leader of the pack, or the holder of the keys, has responsibilities that the 'followers' would never understand. We should never underestimate the burden of responsibly that falls on our parents or people in authority over us.

In the same way, people in authority must realize that they cannot abuse their power. Each person has a specific job on this Earth, whether it is to lead others, or follow a leader.

Learn your role and respect people in whatever role they've been given. Learning to respect others will surely bring others around to respecting you.

LOS QUE TIENEN LAS LLAVES

ESP

Con respecto a tomar decisiones para la familia, seguramente no son fáciles. A veces como cabeza de la casa hay que decidir qué presupuesto es mejor utilizar o qué persona hace qué tarea en la casa.

El líder de la manada o el que tiene las llaves, por decirlo así, tiene responsabilidades que los "seguidores" nunca entenderán. Nunca debemos subestimar la carga de responsabilidad que cae sobre nuestros padres o las personas de autoridad.

De la misma manera, la gente de autoridad debe darse cuenta que no puede abusar de su poder. Cada persona tiene un trabajo específico en la tierra, ya sea dirigir a otros o seguir a un líder.

Aprende tu rol y respeta los de los demás en esta vida. Aprender a respetar a otros seguramente hará que otros te respeten a ti.

OPINIONS

ENG

Everyone is entitled to their own opinion. but sometimes you need to keep your opinion to yourself. Not every opportunity to talk is really a time for you to voice what you think. Sometimes silence is the best medicine, and taking a moment to listen is what your situation may need. Learn to listen rather than speak. It is wiser to be the person listening and taking it all in than to be the person who always has something to say. So even if you have an opinion that everyone should hear, just take a moment to think if it's necessary to speak. You may just need to listen.

ESP

Todos tienen derecho a su propia opinión pero a veces tienes que guardarte la tuya. No siempre que hablas es momento de decir lo que piensas. A veces el silencio es la mejor medicina y quizás escuchar es lo que necesitas hacer a veces. Aprende a escuchar antes de hablar.

Es más sabio ser la persona escuchándolo todo que ser el que siempre tiene algo que decir. Así que aún si tienes una opinión que los demás deberían oír, tómate un momento para pensar si realmente es necesario que hables porque quizás solo debas escuchar.

OPINIONES

ENG

The last thing some of us want to do is wait on someone else. Even if it's just half an hour while our loved one or friend gets a task done they really want to do. We need to remember in these times of impatience that our world is everyone else's world too. The world is a place where each person is given only one life to enjoy and operate. Allow time to wait for others and not to rush them. If you value other's time, and become patient in moments when you really want to get moving, you will find that karma will bring patient people around you when it is your time to 'take up time'. Be patient and learn that waiting isn't always a bad thing.

ESP

Lo último que las personas quieren hacer es tener que esperar a otros. Incluso si solo es media hora mientras nuestro ser amado o amigo realiza una tarea que realmente quiere hacer. Debemos recordar en estos tiempos de impaciencia que nuestro mundo también es de los demás. El mundo es un lugar que a cada uno les da una sola vida para operar y vivir. Dale tiempo a las personas y no las apresures. Si valoras el tiempo de otros y eres paciente en los momentos que realmente quieres seguir moviéndote, verás que el karma traerá gente paciente a tu alrededor cuando sea tu momento de tomarte un tiempo. Sé paciente y aprende que esperar no siempre es malo.

IT PULLS YOU UNDER

The ocean is a fierce force of nature, and at times we can get pulled under by its current. The ocean has no enemies, but if not respected, it will show its strength in ways that we cannot imagine.

Life has its own way of showing us its force. Whether it is experiencing the death of a loved one, or suddenly losing a job that you needed so badly. Being pulled under in life does not mean you have to drown. You do not need to allow yourself to be taken by the current and never rise above the waters. You can swim to shore and get out of your situation. The first thing you need to do is to learn to swim. Learn to manage the everyday situations that could arise.

Take every day as a blessing, whether it is a happy day or a sad day. Don't allow life to be pulled out from underneath you and make you feel that you are not worthy of enjoying it. You are worthy of enjoying life, and you are worthy of experiencing the great things that life has to offer you. Don't let the waves pull you under, learn to swim over the tide so you can manage your life.

TE HUNDE

El océano es una fuerza feroz de la naturaleza que a veces nos puede arrastrar bajo su corriente. El océano no tiene enemigos, pero si no lo respetas, te mostrará su fuerza de formas inimaginables. La vida tiene su propia forma de mostrarnos su fuerza. Así sea experimentando la muerte de un ser querido o repentinamente perdiendo el trabajo que necesitabas tanto.

Ser hundido en la vida no significa que te ahogues. No debes dejar que te atrape la corriente y no te deje subir sobre las aguas. Puedes nadar tú mismo hacia la costa y escapar de la situación. Lo primero que necesitas hacer es aprender a nadar. Aprende a manejar las situaciones cotidianas que puedan aparecer.

Toma cada día como una bendición, ya sea un día triste o feliz. No dejes que la vida te arrastre al fondo y te haga sentir que no mereces vivirla. Tú mereces disfrutar la vida y experimentar las grandes cosas que tiene para ofrecerte. No dejes que las olas te hundan, sino que aprende a nadar sobre ellas para que puedas manejar tu vida.

No one gets the opportunity to do a certain job or task without having the proper knowledge of how to do it. A particular task that you want (or job) is not going to come your way unless you prepare yourself to receive it. Experience is necessary to be able to take on the things we want to learn. You cannot start from the top and continue to grow. Building a firm foundation is key in order to grow. You do not want to grow on a flimsy foundation, because once you get to a certain point, you will fall because your foundation was so weak. Instead, build a strong foundation of knowledge and know-how so that as you grow, you will not fall. You will have built a great network around you that will help you grow.
Experience is needed to grow in knowledge and power.

ENG

ESP

Nadie gana la oportunidad de hacer un determinado trabajo sin el conocimiento para hacerlo. Ninguna tarea particular o trabajo que quieras va a venir a menos que te prepares para recibirlo. La experiencia es necesaria en la vida para que podamos tomar las cosas que queremos aprender en la vida. No puedes empezar desde la cima y crecer. Construir un buen cimiento es la clave para crecer. No quieres tener un cimiento endeble porque una vez que llegas a cierto punto, caerás, porque tu base era muy débil. Por el contrario, construye un fundamento fuerte de conocimiento, y aprende cómo hacerlo, porque de esa manera mientras crezcas, no caerás y habrás construido una gran red a tu alrededor que te ayudará a crecer. La experiencia es necesaria para crecer en conocimiento y poder.

SPECIAL THANK YOU

I want to extend a special thank you to my amazing parents. They have been such a strong tower for me during my hurricanes of life. I appreciate them with all my being and know that nothing in my life would be possible without their love and endurance. They have withstood many of my hardships as well as celebrated my successes. I thank God for every moment I have with them and only hope I can be a small portion of the human beings they are.

CONTACT THE AUTHOR

Email - ee@ennioemmanuel.com

Instagram - @ennioemmanuel

Pinterest - ennioemmanuel

Soundcloud.com/ennioemmanuel

Facebook.com/eeofficial

Youtube.com/ennioemmanuel

Twitter - @ennioemmanuel

Hashtag: #ennioemmanuel
#pensamientossencillosparalavida
#simplethoughtsforeverydaylife

Web - ennioemmanuel.com

www.ingramcontent.com/pod-product-compliance
Lightning Source LLC
Chambersburg PA
CBHW020800160426
43192CB00006B/387